목승자 자전적 에세이

사랑이라는
퍼즐 한 조각

목승자 자전적 에세이

사랑이라는 퍼즐 한 조각

초판1쇄 인쇄 2015년 5월 19일
초판1쇄 발행 2015년 5월 26일
초판2쇄 발행 2016년 3월 14일

지은이 목승자
펴낸이 조인원
펴낸곳 경희대학교 출판문화원

주소 서울시 동대문구 경희대로 26
전화 02-961-0106~8, 팩스 02-962-8840
설립 1960년 9월 16일 제5-8호
등록 1977년 11월 8일 제6-5호
홈페이지 www.khupress.com
전자우편 press@khu.ac.kr

ISBN 978-89-8222-531-4 03990

목승자 자전적 에세이

사랑이라는 퍼즐 한 조각

목승자

머리말

이 땅의 젊은이들에게

어두웠던 밤하늘이 서서히 밝아오는 새벽 즈음, 따뜻하게 우려낸 향이 좋은 차 한 잔을 들고 거실 창 곁에 서서 새롭게 시작된 하루를 음미합니다. 변화무쌍한 사계절을 온전히 느낄 수 있는 나의 거실은 그 시간 동안 늘 한 폭의 그림을 선사해 주곤 합니다. 세월이 흐른다는 것의 진정한 의미를 아는 지금이 돼서야 나는 마치 소녀 같은 마음으로 신이 창조한 햇살과 나무와 꽃과 새들을 찬찬히 바라보게 되었습니다.

칠십여 해를 지내고 보니 내 인생 가운데도 자의였든 타의였든 참 많은 일들이 존재했다는 생각이 듭니다. 일제강점기, 광복, 한국전쟁, 새마을운동 등등 나라의 굵직굵직한 역사의 현장을 직접 살아내며 우리는 부단히도 달음질치며 살았습니다. 그렇습니다. 누구나가 얘기하듯 우리네가 살던 옛 시절은 너무나 어려웠고, 때때로 서글펐고, 살아내기 위해 정말로 바쁘게 움직여야 했습니다. 그때는 그리 사는 게 당연하다 여겼습니다.

이제 한걸음 뒤로 물러나 그때를 되돌아볼 수 있는 시간이 되어서야 내가 겪은 그 시절의 이야기가 하고 싶어졌습니다. 도시에서 자란 나의 딸 그리고 청소년기를 외국에서 자란 나의 사위와 나의 손자 손녀에게 내가 살아온 한국의 풍속과 어려웠던 시절을 이야기함으로써 행복의 참의미와 변함없는 사랑의 힘에 대해 말하고 싶습니다.

그래서 감히 용기를 내었습니다.

이 책에 실린 오십여 편의 짧은 글들은 내 기억 속 편린들의 모음입니다. 이 글 속에는 이번에 새롭게 꺼내놓은 이야기들 외에도 언젠가 내 이야기를 할 기회를 꿈꾸며 조금씩 해놓았던 단상 메모들과 짧은 기사들, 남편과 딸아이와 나누었던 정다운 편지글도 있습니다. 시간의 흐름에 따라 엮지 않은 것은 인생이란 것이 순간순간 희로애락이 담긴 사계절과 같다는 생각에서였습니다.

하여 1장에서는 새싹이 움트는 계절인 봄처럼 제 인생의 서막을 열었던 어린 시절의 일들과 저를 엄마라는 세계로 입문하게 한 아들과 딸을 품에 안았던 때를 회상한 글들을, 2장에서는 한여름 맹렬하게 타오르는 태양처럼 오십여 해 동안 늘 한결같이 사랑했던 남편과의 만남에서부터 헤어짐의 순간들을 담았습니다. 3장에서는 고요히 열매를 품고 있는 가을처럼 제 인생의 열매로 맺은 자녀들에 관한 이야기와 간호사로서 겪었던 이야기들을, 4장에서는 매서운 바람 속에 다가올 봄날을 꿈꾸게 하는 겨울처럼 제 인생의 시련이자 한 단계 더 성장할 수 있었던 시간들을 엮었습니다. 5장에서는 인생의 황혼기를 맞으며 새로이 머무르게 된 노블카운티에서의 소소한 일상들을, 6장에서는 남편의 미국 연수 기간 동안 매일같이 주고받던 우리의 연서를 발췌하여 담았습니다.

마치 퍼즐을 맞추듯 하나하나 모아놓고 보니 때론 싱그럽고, 때론 매서웠고, 때론 푸르렀던 삶들이 마치 사계절을 지내듯 나를 움트고 성숙하고 열매 맺게 했다는 것에 새삼 고개가 끄덕여집니다.

기억함으로써, 또 이렇게 이야기함으로써 그 시간들이 퇴색되지 않기를 간절히 기도해봅니다. 더불어 이 이야기가 한 권의 책으로 나오기까지 나와 함께 수고해준 많은 손길들에도 이 지면을 빌려 마음 깊이 고마운 마음을 전합니다.

2015년 5월 어느 날

노블카운티에서 Granny Doll's 목승자

목 차

제2장 여름처럼 푸르른 사랑

제3장 가을처럼 고요한 사랑

제4장 겨울처럼 매서운 사랑

제5장 그리고 또다시 움트는 사랑의 계절

제6장 당신에게 그리고 당신으로부터

2005 **왕과 나 – 강령전과 교태전**

조선 마지막 비운의 왕
강인하며 향기 짙은 국화 같던 방자여사
두 분을 떠올리며.
영친왕의 개인 간호사였던 나.

2006 **당신을 만나 행복합니다.**

당신을 만났습니다.
내 생의 시작이었습니다.

2012 **나의 어머니**

나의 사랑하는 책 비록 헤어졌으나
어머님의 무릎 위에 앉아서 재미있게 듣던 말
그때 일을 지금도 내가 잊지 않고 기억합니다.

찬송가 199장

2010 **설렘, 나들이**

엄마의 고운 손 포개 잡고
따라 나선 길 끝
뒤뜰 가득 딸기 향기
담장 넘는 강바람
우리 외갓집

2006 **우리들의 얄개시대**

우리 아직 어렸을 때
초량얄개 광화문얄개
우리 긴 세월 사랑하고
꿈꾸는 노인 되었네

2007 **나이팅게일의 꿈, 촛불처럼**

"주어진 삶을 살아라. 삶은 멋진 선물이다. 사소한 것은 아무 것도 없다."

–플로랜스 나이팅게일

2007 **우리 만남은 우연이 아니야!**

그건 하나님의 뜻이야!

2003 부부, 처음처럼

"사랑은 언제나 오래 참고
사랑은 온유하며 시기하지 않으며
사랑은 자랑하지 아니하며 교만하지 아니하며 무례히 행치 아니하며
자기의 유익을 구하지 아니하며 성내지 아니하며
약한 것을 생각하지 아니하며 불의를 기뻐하지 아니하며 진리와 함께 기뻐하고
모든 것을 참으며 모든 것을 믿으며 모든 것을 바라며 모든 것을 견디느니라."

고린도전서 13:4~7

2002 **사랑하는 딸, 진이의 혼례**

단 하나뿐인 나의 딸
새로운 너의 사람
행복하길 축하한다.

2010 가족, 비둘기처럼 다정한

딸이 가정을 이루어
아름다운 넷으로 우리에게 돌아왔습니다.
참으로 대견하고 행복합니다.
우린 부자가 되었습니다.

2004 **친구, 서로 돌아보아**

모기박사 친구 부부
친구의 마음은 모기의 넓은 마음

2006 **그이와 붉은 탱고들**

그이와 발을 구르며
붉은 시선의 열정들을 꿈꾼다.

제1장

봄처럼 피어난 사랑

1945년 외가의 추억

새벽의 어스름은 무언가 새롭게 피어날 것만도 또다시 삼켜 버릴 것만도 같은 양면성을 띠고 있다. 그래서 두려우면서도 설레는 시간이다. 새벽빛이 밝아오는 것을 보고 있으면 나도 잘 알지 못했던 익숙함에 편안해지곤 하는데 그건 아마도 내 출생과 관계가 있는 게 아닐까 싶다.

한창 일제의 악행이 드높던 1939년 9월 23일, 파주의 한 저택에서는 새벽닭 울음소리와 함께 아기 울음소리가 들렸다고 한다. 바로 밤새 어머니께 산고를 겪게 한 후 내가 태어났던 것이다. 이왕 세상에 나올 것을 조금 덜 고통스럽게 해드리고 나왔으면 좋을 성싶은데 흉흉한 세상임을 알았는지 그리 더디게 머뭇거리다 새벽닭 울음소리를 듣고서야 그렇게 나왔나

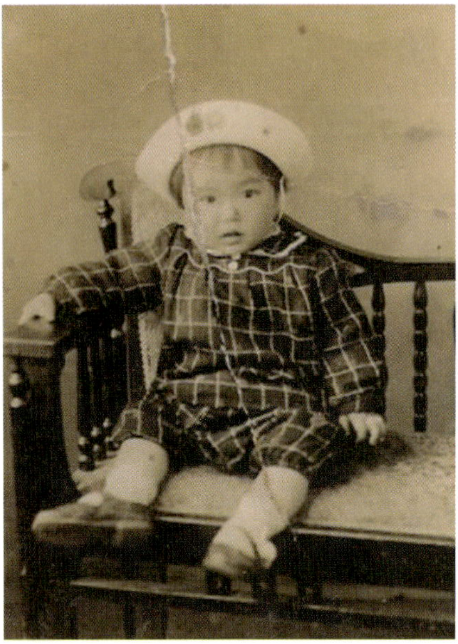

돌

보다.

어머니께서는 나를 낳으시고 장티푸스에 걸리셔서 나에게 젖을 먹이실 수 없었다. 당시에는 분유도 없던 시절이니 외할머니께서는 대가족을 돌보시는 중에도 꼬박꼬박 홍합조개로 암죽을 쑤어 나를 먹이셨는데, 음식을 씹어서 내 입에 넣어주시는 모습이 마치 어미 새가 새끼에게 먹이 주듯 했다고 한다. 그렇게 나는 어머니 날 낳으시고 할머니 날 살리셨다. 그래서인지 할머니께서는 많은 손자손녀 중에서도 나를 각별히 사랑해주셨다.

1945년 여름 제2차 세계대전이 끝나갈 무렵, 나는 이종사촌 동생과 함께 외가에 피난 가 있었다. 당시 외가는 넓은 마당을 지닌 저택이었는데, 계단을 양쪽에 두고 높은 축대를 쌓은 대문 양쪽으로 행랑채와 사랑채가 있었다. 옆으로 가지런히 이어진 행랑채와 사랑채 지붕의 이엉은 옛날 그림책에서나 볼 수 있는 한 폭의 그림이었다. 솟은 대문을 지나 넓은 안마당 광에는 줄지어 큰 독 안에 가득 담긴 오곡이 있었다. 인자하시고 기품 있으신 외할머니께서 광 열쇠로 가끔 문을 열어 여러 음식의 재료들을 꺼내시는 것을 보았는데 마치 보물창고 같았다. 안채 뒤에는 파평산이 병풍같이 에워싸고 있었다. 뒤뜰엔 딸기밭이 있어 우리는 종종 딸기를 따먹기도 했고, 산에서 나오는 머루와 달래 그리고 송화 가루로 만든 다식을 먹기도 했다. 지금도 그때의 맛이 그리워진다.

외가는 임진강 가까이 자리 잡고 있었기 때문에 장어를 잡아 꼬챙이에 끼워 간장을 발라 숯불에 구워먹곤 했다. 가끔 외할아버지께서 사냥을 해서 잡아오신 꿩으로 만두도 해먹었다. 축대 아래 넓은 마당에다 잡아온 노루 똥구멍을 나뭇가지로 파면 연이어 똑똑 떨어지는 노루 똥이 너무 재미있어 한없이 파던 생각이 난다.

함께 피난해와 있던 이종사촌 경자는 야뇨증이 있었다. 실례를 한 날 아침에는 어김없이 키를 쓰고 양재기를 들고 옆 동네 작은 할아버지 댁에 소금을 얻으러 가던 모습이 아직도 생생하다. 작은 할아버지 댁에 가면, 나무막대기로 키를 때리고 물바가지를 뒤집어쓰고 "또 오줌 쌀래?" 호령을 들으며 소금 받아오는 것으로 벌을 받곤 했다. 안방 다락에 올라가면, 선대 할머니께서 시집오실 때 쓰고 오셨던 족두리가 여러 개 있었다. 경자와 나는 심심하면 몰래 다락에 올라가 족두리를 쓰고 놀곤 했다.

넓은 마당을 지나 펼쳐진 들판을 따라가면 동네를 가로지르는 개울이 있었다. 여름에는 큰 느티나무 아래 사이로 맑은 햇살이 비추는 물웅덩이에서 헤엄치고 놀았다. 개울 옆에 펼쳐진 형형색색의 예쁜 조약돌 밭은 우리들의 소꿉장난 놀이터였다. 한여름 햇볕에 달구어진 조약돌에 발바닥이 뜨거워 콩콩 뛰면서 빨간색 금색 흰색 돌을 찧어 놓고 풀잎을 따다 김치를 담그고 나물을 무쳐 흰 쌀밥을 지어 널찍한 바위 위에 상을 차렸다. 그리고 나뭇가지를 꺾어 젓가락으로 삼아 엄마, 아빠, 아들딸 명칭을 붙여가며 옹기종기 모여 소꿉장난하며 먹고 놀았더랬다.

전쟁으로 물들던 세상과는 단절된 곳 같던 나의 1945년의 외가. 그곳에서 보낸 나의 어린 시절을 떠올릴 때면 저절로 미소가 지어진다.

외갓집 사람들의 삶

늘 긴 곰방대를 들고 다니셨던 체구가 장대하신 진주 할아버지는 하얀 수염을 늘 땋고 다니셨다. "할아버지, 수염은 왜 땋으셨어요?" 하고 여쭤보면, "수염이 엉켜서 땋다."라고 대답하셨다. 그에 반해 우리 외할아버지는 체구가 작으시며 조용한 성품을 지니고 계셨다.

우리 외갓집은 전주 이 씨 담양군 (세종대왕 신빈 김씨의 막내아들) 파의 종갓집으로 대가를 이루고 있었다. 제사를 지내려면 온 동네사람들이 모여 함께 준비해야 했다. 넓은 마당에 숯불을 지피고 아낙네들은 솥뚜껑을 펴놓고 산적과 떡 위에 올릴 화전을 시끌벅적한 수다와 함께 익히기도 했다. 제삿날 내 기억에는 용이 하늘로 올라가는 모양의 문어다리 조각이 제일 신기하게 자리 잡고 있다.

제사 지내는 날에는 개울 건너 타성바지 사람들까지 모여서 제사음식을 광주리에 이고 길게 줄을 서서 산허리를 돌아 능에까지 가서 제사를 지냈다. 그날이 제삿날인지 잔칫날인지 분간하기 어려웠었다. 아이들은 빨갛고 하얀색의 알록달록한 사탕을 얻기 위하여 모여들었고, 온 동네 사람들은 구경하러 오기 바빴다.

그런 대가의 집안에서 외할머니께서는 딸만 다섯을 낳으셨다. 그중에 우리 어머니는 셋째 딸이었다. 종손가에 아들이 없는 고로 외할머니는 우리 외갓집에서 조금 떨어진 곳에서 주막을 하는 주모를 씨받이 작은댁으로 앉히셨다. 소실을 들이자마자 외할머니께서 임신하셔서 큰 외삼촌을 낳으셨고 일 년 뒤, 작은할머니가 또 아들을 낳으셨다.

작은할머니는 설이나 이름 붙은 날에는 외갓집에 와서 외할머니께 큰절을 올리며 "마님, 그동안 안녕하셨습니까?" 하고 문안을 드렸다. 어린 마음에 그 모습이 참으로 이상해 보이기도 했다.

한 번은 외할머니께서 단독(피부의 헌데나 다친 곳으로 세균이 들어가서 열이 높아지고 얼굴이 붉어지며 붓게 되어 부기浮氣, 동통을 일으키는 전염병)에 걸리셔서 병원에서 팔을

친할머니, 친할아버지

잘라야 한다는 말을 듣고 작은할머니께서 외할머니의 환부를 입으로 직접 고름을 빨아서 낫게 하셨다고 한다. 이 일이 있기 전까지 우리 어머니께서는 동복형제들에게 작은할머니보고 작은어머니라고 하지 못하게 하며 '성거리(삼거리) 댁'이라고 부르라고 하셨다. 작은집에서 난 외삼촌에게도 좀 심하게 차별하셨던 것 같다. 그런데 그 이후로는 작은엄마라고 부르라고 하셨고 작은 집에서 난 외삼촌을 절대로 차별하지 말라고 신신당부 하셨다.

행랑채 내외와 일하는 순자라는 언니가 있었다. 순자언니가 아기를 낳았는데, 이 아기가 나보다 10살이나 아래인 또 다른 나의 외삼촌이다. 나중에 들은 이야기이지만, 외할머니께서는 순자언니를 시집보내고 어린 삼촌 둘을 늘 불쌍히 여기시며 사랑으로 키우셨다. 우리 어머니, 이모, 외삼촌들은 외할머니께서 너무 어린 삼촌들만 챙기는 것 아니냐며 입을 비죽이곤 하셨다. 조그마한 몸집의 외할머니는 늘 평온해 보이셨으며 대갓집 마님 같은 품위를 지키셨다. 그랬기 때문에 형제들이나 나까지도 그 어린 삼촌들을 차별하지 않았다.

6.25 사변에 대지주이신 외할아버지께서 납치당하시고 외할머니도 돌아가신 후 내 나이 쉰 중반에야 그 어렸던 삼촌들을 만날 수 있었다. 어린 삼촌들은 내가 큰어머니(외할머니)와 너무 똑같이 닮았다고 하셨다. 예전에 삼촌이 3년간 가출했다 돌아오셨을 때, 외할머니께서는 버스 정거장에서 3년 동안 하루도 거르지 않고 집나간 삼촌을 기다리셨다고 한다. 그 사실을 안 삼촌은 외할머니를 붙잡고 엉엉 울었다고 하셨다.

나를 보니 자신들의 큰어머니 생각이 난다고 눈이 촉촉해지는 것을 보면서 나를 유난히 사랑하셨던 외할머니 생각을 잠시 했더랬다.

유치원 가는 길은 지루하고 심심했다

나를 제일 사랑하고 귀여워하시던 할아버지는 내가 다섯 살 때 돌아가셨다. 내 기억 속의 할아버지는 간경변증으로 시커먼 얼굴에 부어오른 배로 고통스러워 하시다가도 나를 볼 때면 늘 웃으셨다. 동물 모양의 비스킷을 잔뜩 사다 놓으시고 동네 아이들을 불러 모아 일렬로 세워놓고는 나에게 나눠주게 하셨다.

할아버지가 돌아가시고 진주할머니, 할머니, 어머니, 나만 덩그러니 남은 우리 가족은 여자들뿐이었다. 독립운동 하신다는 아버지는 만주로, 삼촌은 징병을 피해 일본으로 떠났다. 우리 집은 신설동에서 안암동으로 가는 개천가에 있었고 방 세 칸, 마루 하나, 작은 마당이 전부였다. 개울 양쪽에 촘촘히

박혀 있는 하수관에서 끊임없이 흘러나오는 생활폐수는 검다 못해 까맣고 가뭄이라도 들면 썩은 냄새가 코를 찔렀다.

날씨 좋은 날, 드문드문 놓여있는 평상은 동네 사람들의 놀이터였다. 여름철에는 장작불 위에 덩그러니 매달린 개털을 그을리는 광경을 볼 수 있었고, 개털 태우는 냄새와 연기가 온 동네에 진동했다. 그 옛날 복개된 개천이 없었던 내 어린 시절의 서울의 모습이다.

만주에서 독립운동을 하셨던 아버지는 일 년에 서너 번 손님처럼 다녀가셨다. 간혹 집에 오신 아버지는 나를 무릎에 앉히시고 예뻐해주셨지만 나는 왠지 모르게 불편하고 서먹서먹했다. 해방이 되어 아버지가 귀국해서 동생을 낳을 때까지 혼자 자란 나는 우리 동네에서 유일한 유치원생이었다. 유치원 등하교 시에는 두 할머니 등에 업혀서 오갔고 수업시간에 유리창 너머로 할머니 얼굴이 보이지 않으면 우는 떼쟁이였다.

하루는 오랜만에 집에 오신 아버지가 "오늘은 내가 데려다주마." 하시고 저고리 바람에 양말도 안 신은 채 고무신을 끌고 내 손을 잡고 유치원으로 향하시는 게 아닌가. 너무 놀라 거절할 새도 없었다. 다리 건너 유치원이 보일 무렵 창피한 나머지 "아빠 나 혼자 갈 수 있어요. 이제 돌아가세요."라고 애원했다. 아버지는 "멀쩡한 애를 할머니들이 바보를 만드셨군."

유치원 시절 어머니와 함께

하셨다. 그 일 이후 졸업할 때까지 나는 혼자 잘 다녔다.

유년에 나는 우리 집 신주단지였고 응석받이 꾀쟁이였다. 혼자 유치원 가는 길은 심심하고 지루했으며 어린 나에게는 너무 먼 길이었다. 그 옛날이 생각날 때면 절로 웃음이 나온다.

매일의 삶 자체가 새로움이었다

우리 아버지와 어머니는 중매로 결혼하셨다. 결혼할 당시 아버지는 서울에서 상업고등학교를 다니셨으며 마르보시라는 화물업체에서 사환으로, 말하자면 지금의 아르바이트를 하는 학생이셨다. 양가의 할아버지는 내 어머니의 외삼촌과 친구였기 때문에 자연스레 집안끼리 혼사가 진행됐다고 한다. 어머니의 외갓집은 지금 서울의 세종문화회관 자리였는데, 집 한 채를 헐어서 백 채를 지었을 정도로 큰집에서 사셨다고 한다.

어머니께서 서울 나들이로 외가에 가시면 프랑스 사람을 가정교사로 두고 외숙모와 외사촌들이 불어를 배웠다고 한다. 어머니는 외갓집이 부자였지만 본인의 촌스러움에 주눅이 들곤 하여 그리 가고 싶지 않으셨다고 말씀하시곤 했다. 음식에 수를 놓아 먹을 정도로 호의호식하던 어머니의 외가가 내가 커서 우리가 잘 살게 되었을 때에는 매우 가난해지고 말았고 어머니의 외삼촌도 객사하시고 말았다곤 했다.

외갓집에 피난 갔던 나는 제2차 세계대전이 치열해지자 다시 서울 나의 집으로 돌아오게 되었다. 그 당시 아버지는 경성대학 법학전문대학을 다니셨고 그 후 망명하여 중국에서 초대 국무총리인 이범석 씨 수하에서 독립운동을 하시게 되었다. 아버지는 일 년에 한 번쯤 한국에 들어오시곤 했기에 나는 아버지를 만나는 것이 그렇게 데면데면하고 쑥스러울 수가 없었다.

그때는 너나 할 것 없이 어려운 시절이었다. 곡식이 없어서 나라에서 배급을 주었는데, 양동이나 양푼을 들고 배급표를 들고는 서 있던 긴 줄이 가끔 생각난다.

전쟁이 막바지에 이르게 되었을 때, 중국에 계신 아버지께는 어떠한 소식도 없고 돈도 부치시지 않았다. 하여 우리 식구는 할머니께서 김장을 걷은 밭에 가서 우거지를 주워 쌀을 조금 넣어 끓인 우거지 죽으로 연명하기도 했는데, 대가 댁 딸로 살던 어머니와 할머니에겐 가장 절망감에 싸여 사시던 시절이 아니었나 짐작된다.

어린 시절 부모님과 함께

할아버지가 쓰시던 사랑방은 세를 주고 있었다. 그 세든 분이 예배당을 다니던 분이라 절망감에 쌓였던 할머니와 어머니는 예수를 믿어 보기로 하셨다. 그래서 미신으로 걸어놓았던 신주단지(쌀이 들어있는 주머니)를 예수 믿은 후로는 치워버리셨는데, 그때 다니기 시작했던 교회가 경동고등학교 밑 언덕바지에 있었던 경동교회였다.

나 역시 할머니와 어머니를 따라 교회에 다니기 시작했다. 유년주일학교에 간 나는 반가운 아주머니를 만나게 되었다. 그분은 어머니를 따라 외가 파주에 가려고 정거장에서 기다릴 때면 만났던 안경을 낀 아주머니셨는데, 알고 보니 교회 전도사님이셨다. 광목에 까맣게 물을 들이고 풀을 빳빳이 먹여 짧은 치마 저고리를 입으신 기억이 나는데, 어린 마음에도 가죽같이 반짝반짝하여 신기해했던 것이 생각난다.

전쟁이 삶이던 그때, 세상이 격변하는 시기이듯 나의 경험들도 매일매일 새로운 것으로 채워지던 시절이 아니었나 여겨진다.

아버지의 귀국과 삼촌의 결혼

한동안 먹는 것조차도 어려웠던 시절이 지나 제2차 세계대전이 끝나고 나서 아버지가 돌아오지 않자 할머니와 어머니의 걱정이 이만저만 아니셨다. 그러던 어느 날 갑자기 소식 없던 아버지가 돌아오셨다.

아버지가 돌아오신 후 우리는 이제 걱정이 끝났다고 생각했으나 모든 문제는 그때부터 시작되었다. 이전에 아버지가 중국으로 가시면서 내 어머니와 함께 가시겠다는 것을, 며느리를 오랑캐 나라에 보낼 수 없다며 어른들이 반대하셔서 결국 어머니는 이곳에 남을 수밖에 없었다고 한다. 그래서였을까. 아버지는 혼자 돌아오신 게 아니었다. 그때부터 우리 집은 불화했고 어머니는 불행하셨다.

아버지

아버지는 배 씨라는 매우 예쁜 신여성과 함께 왔는데, 나더러 그 여자에게 작은엄마라고 부르게 시키셨다. 아버지와 달리 엄마는 내게 그렇게 부르지 못하게 했다. 어린 나는 그저 그 예쁜 작은엄마가 좋기만 했고 신기하기도 했었다. 늘 나에게 잘해주고 귀여워해 주며 좋은 것만 사다주었기 때문에 당시의 철없던 나는 그이를 싫어할 이유가 없었기도 했다.

가정이 불화한 것과는 달리 우리는 점점 부자가 되어가고 있었다.

충신동에 매우 큰 한옥으로 이사하게 되었으며, 아버지는 신교동의 대궐 같은 데 사시게 되었다. 지프차가 있었는데, 어머니는 그 차에 트레일러를 달고 동대문 시장에 자주 가셨다. 그때가 아마도 내가 초등학교 2학년쯤 되었으리라 생각된다.

우리는 다시 정원이 3천 평이나 되는 신교동의 집으로 이사를 갔고, 그 시절 아버지는 국무총리 비서실장으로 재직하고 계셨다. 남부러울 게 없는 정말 부잣집 딸로 자라던 시절이었다.

그 무렵 삼촌이 결혼하게 되었다. 신부는 전라도 목포의 부자로서 서예가 손재형 선생의 맏딸로 경기여고를 나와 숙명여대에 재학 중인 재원이라 했다. 결혼식은 그때의 부민회관에서 열렸는데, 국무총리가 주례를 서고 그 당시 문교부장관이던 안호상 씨가 축사를 했다. 사철나무로 아치를 세우고 광목 한 필을 버진로드에 깔 정도였다. 차 몇 대 없는 나라에 차가 막혀서 교통정리를 할 지경이었다고 하니 지금 생각해도 정말 으리으리한 결혼식으로 회상된다. 아마 요사이 같으면 호화혼수, 호화결혼식으로 신문지상에 얼룩진 일이었을지 모른다.

그렇게 우리 집은 하늘 높은 줄 모르고 부와 명성을 쌓아가고 있었다. 이사 간 신교동 집은 인왕산을 뒤로 하고 있는 매우 큰 적산 가옥이었다. 신교동 맹아학교를 지나 한참을 산속으로 들어가노라면 막다른 집이 있었다. 철문에 들러 자갈이 깔린 마당을 거쳐 층계를 한참 올라가면 본채가 나오는데 아마 백 평도 더 되었던 것으로 기억된다.

현관에 들어서면 복도 가운데에 길게 빨간 카펫이 깔려 있고, 또다시 한참 들어가면 안쪽으로 안방이 있었다. 이층으로 올라가는 계단 옆에는 금고 모양의 큰 창고가 있었는데 늘 먹는 것이 쌓여있고 정말 풍족했다. 이층에도 창고와 방과 베란다가 있었다.

본채 현관 앞쪽으로는 정원이 산을 향하여 펼쳐있으며 한참 걸어 올라가노라면 정자가 하나 있었다. 나는 벚나무 등 여러 나무들이 아름답게 심겨있는 우리 정원을 정말 사랑했다.

나의 철없던 어린 시절로서 어머니의 아픔을 이해하지 못한 채 부유함에 뛰어놀던 때였으나 지금 돌아볼 때도 마음 가득 풍족하고 행복하던 때가 아니었나 싶다.

아들이 태어나다

풍족했던 어린 시절과는 달리 나의 시집살이는 참으로 매서웠다. 우리의 결혼은 당시로선 흔치 않은 연애결혼이었으나 오로지 사랑만을 믿고 한 결혼이 주었던 시련은 때론 너무나 힘들고 버거웠다.

신촌 시장 근처의 방 두 칸짜리에 전세를 살았는데, 시어머니에 시누이 시동생들까지 복작복작 너무나 가난한 때였다. 결혼 전까지 손끝에 물 한 방울 묻힌 적 없던 나는 마치 부엌데기처럼 밥하고 빨래하는 살림쟁이가 되어가고 있었다.

남편은 레지던트 1년차로 얼굴을 자주 보기도 힘들었고, 나는 온종일 무서운 시어머니와 함께해야 했다. 그러던 중에도 우리에게 사랑의 결실이 맺어져 배가 불러오고 있었다.

아이를 가진 행복도 잠시, 부른 배를 부여잡고도 큰 밥상을 들고 이리저리 시댁 시중을 들던 것을 생각하면 어찌 고생스럽지 않을 수 있으랴.

그 고생스러운 때에도 다행히 아이는 건강하게 태어나 주었다. 그 아이가 나의 첫째 아들 동욱이다.

동욱이를 낳고는 유종을 앓아 고생을 했고 또 항생제를 많이 복용하여 젖이 나오지 않았다. 살림살이가 넉넉하지 못한 생활에 아이를 우유로 길러야 하는 경제적 부담 한 가지를 더 떠안게 되었다. 그 와중에도 시어머니는 아이 우유는 사오면서 식구들을 위해서는 고기 한 근 사오지 않는다며 닦달이셨다. 우리에게 제 새끼밖에 먹일 줄 모른다며 어찌나 역정을 내시는지 아이 우유 먹이는 것까지 눈치를 봐야 하는 것에 한숨이 끊이지 않는 날이었다.

어른들이 밥 먹고 살기 위하여 아기에게는 멀건 우유에 쌀가루를 섞여 먹일 수밖에 없었다. 그렇게 진한 우유 한 번 타 먹이지 못한 게 이제 와서 왜 이리도 후회되는지 모르겠다. 그 흔한 유모차 한 번 태워주지 못한 일, 엄마가 아이를 잘 못 본다는 이유로 밤마다 시어머니 품으로 아이를 뺏겨야만 했던 일 등 지금은 품에 안을 수 없는 아들을 생각하면 아쉬웠던 일들만 가득히 생각날 뿐이다.

전주에서 얻은 귀한 딸

시집살이가 3년쯤 흘렀을까. 남편이 전주예수병원으로 파견을 나가야 되는 일이 생겼다. 3년차 레지던트인 남편을 따라 나는 일을 그만두고 전주로 내려가고자 결심했다.

시어머니는 내가 일을 그만두고 남편을 따라 지방으로 간다는 말에 우리끼리만 잘 살고자 그런다고 야단이셨다. 아마도 며느리의 쏠쏠한 간호사 봉급이 한순간 사라지는 것이 무척이나 아쉬우셨을 것이다. 매일이 분란이었다. 그러나 나는 지난 삼 년의 시집살이같이 살다가는 우리 가족에게는 발전이 없을 거라는 위기감을 느낄 수밖에 없었다.

가난함에도 아무 일도 하지 않고 아들 내외만 바라보고 있는 시어머니와 그에게 딸린 시동생들이 정말이지 힘들고 버거웠다. 우리가 열심히 일을 하고 보살펴드려도 늘 되돌아오는 것은 욕지거리와 악다구니인 것도 참기가 힘들었다.

그때 나는 둘째를 임신 중이었다. 여름이 되기 전 5월, 남편이 먼저 전주로 떠나게 되었다. 다음 날이면 먼 길을 가는 아들을 붙잡고 시어머니는 새벽 3시까지 잠도 못 자게 들볶으시는 모습을 보며 어찌 어머니가 되어 저러실 수 있는지 이해가 되지 않았다. 극심한 시달림 때문이었을까. 남편이 전주로 떠나고 며칠 후 나는 자연유산을 하고 말았다.

유산으로 상처 입은 마음을 어디에 둘 곳이 없었다. 심한 하혈로 병원에서 아이를 보내고 돌아오던 날에도 시어머니는 나 몰라라 하셨다. 할 수 없이 친정어머니가 유산한 딸을 데리러 병원까지 오실 수밖에 없었다.

어머니는 그 전까지도 내게 시어머니께 잘하라고 당부하셨다. 그러나 하혈하는 며느리를 끝끝내 혼자 병원에 보낸 시어머니의 행태를 아시고는 참으로 마음 아파하셨다. 연애결혼을 했기에 어느 누구에게도 나의 비참함을 보이고 싶지 않았다. 그렇기에 더 고통스러웠을는지 모른다.

모든 것을 뒤로 하고 나는 아들 동욱이와 함께 전주로 내려갔다. 우리는 남편의 월급에서 삼분의 일쯤을 서울 시어머니께 부치고는 나머지 돈으로 살아갔다. 빠듯했지만 정말 신혼

전주에서 얻은 귀한 딸(반포아파트에서)

같은 시절이었다.

안정되고 행복해서였을까. 다시금 태기가 찾아왔다. 동욱이를 임신했을 때는 겪어보지 못한 것을 마음껏 누릴 수 있었다. 한번은 입덧이 심한 나를 위해 남편이 삼십 분이나 걸리는 중국집에서 짬뽕을 사온 일도 있었다. 행여나 내가 힘이 들까 무거운 봉지 하나 들게 하는 법이 없었다. 함께 장에라도 나갈라

치면 남편은 짐꾼으로 소임을 다해주었다. 아직 가부장제가 깊게 박힌 한국사회인지라 우리의 모습을 본 다른 병원 사람들이 남편의 그런 애처가인 모습에 농을 치기도 했었단다.

나는 계속 전주에 머물고 싶었다. 다행히 예수병원에서도 남편이 계속 있어주기를 바라며 여러 제안을 해오기도 했다. 하지만 남편의 장래를 위해서는 서울로 돌아와야 했다. 그렇게 나의 꿈같던 전주에서의 6개월을 뒤로 할 수밖에 없었다.

새로운 집에서 시작된 서울 생활

전주에서 6개월을 보낸 후 나는 배가 조금 불러 서울로 돌아오게 되었다. 그러나 임신한 몸으로 다시금 시댁으로 들어가 살아야 한다는 것이 너무나도 끔찍했다. 해서 나는 그길로 선배의 도움을 받아 부엌 딸린 방 한 칸을 빌려 살림을 따로 냈다.

우리가 새로 살게 된 집은 낮에도 전깃불이 없으면 아무것도 보이지 않는 좁고 어두운 곳이었다. 선배네와 부엌을 함께 썼는데, 찬장을 살 돈이 없어서 사과궤짝을 꾸며 우리가 사용할 그릇과 솥, 냄비 등의 살림을 넣어두곤 했다.

그래도 그렇게 행복할 수가 없었다. 비록 먹을 것이 풍족하지는 않았지만 정성스레 남편만을 위한 음식을 준비해 대접

할 수 있었다. 또한 늘 입덧을 심하게 하는 나를 위해 당시 레지던트 치프로 눈코 뜰 새 없던 남편도 틈만 있으면 나를 돕곤 했다.

그럭저럭 겨울이 지나고 딸아이를 낳았다. 우리는 처가에서 말없이 건네주는 돈으로 조금씩 보태어 연명할 수 있었다. 남편이 의사로서 인정을 받다보니 환자들이 사례비 주는 것을 모아 조금은 여유를 부릴 수도 있게 되었다.

그렇게 우리의 새로운 봄이 움트고 있었다.

딸의 결혼

남편이 전주예수병원 레지던트로 가 있던 시절, 매서운 시집살이 후 맞게 된 꿈같던 시절이라 그런지 길진 않았으나 그때를 생각하면 아직도 절로 미소가 나온다. 그때 얻게 된 귀한 딸 수진이는 따로 특별한 태교를 한 적이 없는데도 태중에 있을 때 내 행복감을 고스란히 받아서인지 늘 낙천적이고 상대를 배려하는 예쁜 아가씨로 성장해 갔다.

어느덧 수진이가 성인이 되고 그 아이의 결혼을 준비해야 하는 때가 내게도 다가왔다. 위로 있던 동욱이를 보내고 수진이를 낳은 이후로는 아이를 낳지 않았기에 수진이는 내게 세상 무엇과도 바꿀 수 없는 소중한 재산이었으니, 그 아이를 시집보내고자 하는 마음에 어찌 욕심이 발동하지 않을 수 있으랴.

게다가 우리 세대와는 달리 자유롭게 연애가 성하던 시절인데도 수진이는 다른 집 젊은 아이들 같지 않게 늘 이렇게 말하곤 했다.

"나는 부모님 마음에 들어 하는 사람과 결혼할 거에요."

예쁘고 영민한데다가 성품까지 바른 수진이는 그야말로 누구를 신랑으로 가져다 놔도 아까운 딸아이였다.

수진이가 남들이 말하는 소위 학식 있는 집안의 청년과 혼담이 오갔다. 그쪽에서도 우리 수진이를 여간 마음에 들어 하는 눈치였고, 나 역시도 평소 자주 접하던 집안의 아들이라는 말에 좋은 마음으로 둘의 만남을 지켜보고 있는 중이었다. 그쪽 아들은 마침 의대에 다니고 있었는데, 그것도 우리 가족과 잘 어울리는 직업이라는 생각이 들기도 했다. 게다가 친하게 지내던 내 여동생의 친구가 중간에서 다리를 놔둔 터라 별 일이야 있으랴 싶기도 했다.

어느 날 수진이가 집에 오더니 그 청년과 더 이상 만나고 싶지 않다고 했다. 자초지종을 물으니 만난 첫날에 그 청년이 자기 어머니에 대한 험담을 수진이 앞에서 아무렇지도 않게 늘어놓은 모양이었다. 풍족하게 산 것은 아니었으나 화목함만은 풍족하게 누렸던 수진이에게 그 청년의 언사는 꽤나 놀랍

이수진(딸)과 장기홍(사위) 결혼

고 불쾌한 것이었으리라.

그렇게 수진이는 겉모양보다 내실을 보는 아이였고, 남들이 부러워하는 혼사자리였으나 훗날의 불화까지 내다보고 단호히 그 관계를 내어버렸다. 만약 수진이가 부모를 공경하는 마음, 가족을 귀히 여기는 가풍을 자연스레 습득하고 자라지 않았다면 아마도 그 청년과 결혼했을지도 모를 일이다. 딸아이의 단호함에 잠시나마 다른 조건들을 재며 그 혼처를 아깝게 생각했던 내가 부끄러워지기까지 했다.

훗날 수진이는 지금의 사위를 만나 결혼을 했다. 사위를 보면 참 여러모로 남편을 닮았다는 생각이 든다. 나와 늘 친구같이 지내는 딸아이가 나와 남편이 우리의 일생을 사랑하며 살았던 것 역시 그대로 닮았으면 하는 마음뿐이다.

제2장

여름처럼 푸르른 사랑

나의 남편 이재억

남편은 1937년 3월 19일에 태어나 2013년 7월 16일까지 만 일흔여섯 해를 이 세상에서 살다가 그의 본향으로 이사 갔다. 팔남매의 여섯째였는데, 누님 셋에 형님 둘, 여동생 둘인 가정에서 자랐으나 평생을 그가 장남과 같이 그의 가정을 돌봐야 했다.

학창시절부터 남다른 머리를 가지고 있던 남편은 늘 학업성적이 우수했다고 들었다. 고등학교 때에도 우수반이었고 연세대학교 의대 재학시절에는 1등을 하기도 했다. 연대 의대 기독 학생회장과 의료봉사단 회장을 지낼 만큼 교우관계도 무난했고 누구나가 함부로 할 수 없는 아우라를 지니고 있었다고 입을 모은다.

공무원이신 아버지 슬하에서 많은 형제들 가운데 자랐던 남편은 대학 재학 중 기숙 가정교사로 하숙비와 용돈을 대신하는 형편이었는데, 1등장학금, 교수부인장학금, 대여장학금으로 학비를 대신했다. 훗날 그와 같이 하숙하며 절친했던 친구 허정 선생님이 그의 장례식에서 말씀해주신 바로는 기독교 신자인 남편은 토요일 밤 12시가 되면 공부하던 책을 덮고 다음날 12시까지 공부하지 않고 교회생활을 하며 성경을 대하였다고 할 만큼 신앙에 있어서도 고지식한 면이 있었다.

남편은 큰 키인 170센티미터의 키에 크고 맑은 눈과 약간의 곱슬머리를 지닌 수려한 용모의 남자였다. 클래식 음악을 좋아하는 그의 성향답게 소리에 꽤 민감한 편이었다. 그리고 언어에도 소질이 있었다. 특히 영어를 잘해 세브란스에서 강사를 하던 시절 외국인을 진료하기도 했다.

산부인과 의사인 그는 직업적으로도 성공한 사람이었으나 무엇보다 빛나는 인품을 지니고 있었기에 나는 그를 더욱 사랑했다. 말하는 것보다는 듣는 것을 좋아했고, 짧은 한 마디 말에도 사람들을 웃게 하는 위트를 담아낼 줄 알았다.

늘 좌우로 치우치지 않고 줄타기가 심한 직장에서도 조용했던 그의 성품 때문에 대학에서 냉장고를 준비해주지 않아 생균을 보관할 수 없어 실험을 수행하지 못해 어렵게 지원 받은 돈도 미국으로 다시 돌려주는 가슴 아픈 일을 겪기도 했다.

자기가 받은 도움의 손길을 후대에 갚겠다고 장학 후원을 아끼지 않던 그였다. 오른손이 하는 것을 왼손이 모르게 하는 것이 그의 마음이었나 보다. 나에게 자식을 낳으면 절대 가정교사를 들이지 않겠다던 그이의 말을 기억할 때면 그이가 젊은 날을 얼마나 치열하게 살았는지 예상이 되어 저절로 눈물이 흐르곤 한다.

십여 년의 병고 중에도 늘 웃으며 나를 쳐다보던 그이의 맑은 눈을 기억한다. 많이 고통스러웠을 텐데도 내게 신경질 한 번 부리지 않고 참아내던 그는 천사였다. 늘 웃어주며 사랑한다고 말한 그, 예쁘다고 말해주던 그이의 얼굴을 떠올린다.

음치여서 클래식이 무엇인지 모르던 나에게 결혼 초부터 작은 트랜지스터라디오에 FM을 틀어놓고 음악을 듣게 해주던 사람이다. 가난하면서도 미국에서 온 친구에게 도이치스 그라마폰 레코드 판 삼백 장을 사서 감상할 수 있게 해주었던 그이 덕분에 베토벤의 크로이첼 소나타에 매료되었고 음악을 함께 즐기는 동반자로 만들어주었다. 그이는 몸치인 나를 배려해 스키도 골프도 내가 먼저 배웠다.

그인 항상 나를 정말 사랑했고 우리는 그이가 천국에 갈 때까지 좋은 동반자였다. 첫 아이와 둘째 아이를 낳았을 때도 늘 아이들을 생각하고 미국에 가 있는 1년 동안에도 아이가 그렇게 보고 싶다고 매 편지마다 썼던 그이의 마음을 나는 그이가 돌아가실 때까지 잊어버리고 있었다. 그이가 하늘로 떠나고 나서 생전에 늘 아들, 딸이 보고 싶다고 썼던 그이의 편지들을 보니 우리 아들이 병에 걸려 하늘나라로 갔을 때 그의 마음이 어땠을까 생각을 하면 너무 가슴이 아프고 눈물이 나온다.

돌이켜 생각해보면 우리의 50년은 언제나 연애시절이었다. 길거리를 다닐 적에도 여자는 차도로 걷는 것이 아니라며 항상 나를 안쪽으로 걷게 하였고 식당에 가서도 의자를 꼭 먼저 빼주었고 차를 탈 때에도 꼭 문을 열어주어 나를 먼저 태우는 배려가 좋던 남편이었다.

매 순간 우리는 맹렬한 열기를 내뿜은 태양의 계절 여름처럼 늘 푸르게 사랑을 했다.

병실에서 만나 처음과 끝이 영원했던 사랑

어려워진 집안 형편 속에서도 나는 대학을 무사히 졸업하게 되었다. 그 당시 학사 시험이라는 것이 다시 생겼는데, 내가 다니던 간호학과 실습(임상) 날짜가 모자라 졸업 후 17일 정도를 병실에서 학생간호원 신분으로 근무해야만 했다. 나는 남대문 세브란스 7병동에 배정되었는데 밤 근무 중에 학생간호원은 나 혼자뿐이었다. 힘든 시간이었으나 그 병실에서의 근무는 내 일생의 전환점을 가져다준 사람을 만나게 한 시점이었다. 이제까지 내 삶의 행복을 마련했던 한 계기가 바로 그곳이었다.

그때 훗날 내 남편이 된 이재억 씨가 디스크로 7병동에 입원해 있었다. 밤 근무 중 약을 주러 들어오는 내게 말을 붙이고 싶었는데, 어찌된 일인지 자기 할 일만 하고는 휙 돌아서서 황급히 나가더란다. 그는 그런 나의 모습에 무엇인가 남자를 경계하는 듯하여 몹시 궁금증이 났다고 했다.

그는 마침내 이복동생 애희와 의료봉사단 멤버로 활동하고 있었는데, 애희는 내게 그가 참 괜찮은 사람이니 잘 좀 봐 달라고 부탁을 해오기도 했다. 나는 그때 왜 그랬는지는 모르겠으나 그저 모른 척하면서 환자 누구에게나 하듯이 그저 내 일만 열심히 하고는 무심히 지나쳤더랬다.

그 병실에는 세 사람의 정형외과 환자가 있었다. 문 쪽에 깁스를 한 환자의 발을 손수 닦아주는 것을 보면서 그 모습을 참 아름답게 보았다고 했다. 하루는 그가 머리를 감고 싶다면서 물을 좀 데워 달라고도 했다. 그 시절에는 지금과 같이 수도꼭지를 틀면 바로 온수나 냉수가 나오는 때가 아니어서 나는 연탄불에 물을 데워다 가져다줘야 했다.

데운 물을 가져다주고 근무를 하다가 다시 그에게 가보니 그는 디스크 환자였던지라 허리를 구부릴 수가 없어 머리를 감다가 옷이 모두 젖은 상태였다. 게다가 머리도 다 감지 못한 상태였다. 나는 그이가 의대 졸업생 신분이었기 때문에 선뜻 머리를 감겨주겠다는 말을 하기가 거북했으나 이내 다른 환자와 똑같은 환자라고 생각하고 조심스럽게 머리를 감겨주어도 되겠느냐고 물어보았다. 그는 무척 미안해하면서 내게 도움을 청해왔다. 그날 그렇게 머리를 감겨주었던 것이 계기가 되어 우리는 자주 이야기도 나누고 좀 더 친해질 수 있었다.

그러저러해서 내 실습 기간이 끝나고 병실을 떠나 집으로 가게 되었다. 그때 이복동생 애희가 연결고리가 되어 근무 마지막 날 애희와 함께 아이스크림을 사서 그의 병실을 방문했다. 아이스크림인 줄 모른 그가 혼자 먹을 거라면서 베개 밑에 넣는 것을 보고 박장대소했던 기억을 잊을 수가 없다.

실습 후 나는 용인에 있는 어머니께로 내려갔다. 그때 나는 그이에게 그곳 주소를 건네주었고, 그 후부터 우리는 편지를 주고받게 되었다. 그때가 1962년이었으니 그때 주고받았던 연애편지가 평생을 이어온 계기가 될 줄이야 알았을까.

용인에 거하던 중 다시 남대문 세브란스에 취직이 되어서 근무하게 되었다. 졸업 후에야 처음으로 립스틱을 발랐을 만큼 작금의 처녀들과는 전연 다르게 너무나 순진 순결했던 나는 그런 것이야말로 참다운 여자라고 생각했던 것 같다. 또 어느 누구에게라도 사랑이라는 감정을 느끼게 되는 것이 늘 위험하다는 생각을 지니고 있었지만 그이를 만나고 사랑하게 된 순간 그 모든 것이 일순간에 무너지게 되었다.

그 당시에는 먹는 것, 입는 것 등 경제적인 모든 것이 어려운 시절이었기에 집을 떠나 기숙사에서 생활하며 그이와 연애하던 그때가 내게는 마치 천국과도 같은 때였다.

근무가 쉬는 날에는 그이 집을 방문해 데이트를 하기도 했는데, 주변에서는 우리가 연인인 것을 아무도 알지 못했었다. 그러다가 그의 디스크가 재발하게 되면서 모두에게 우리 사이가 들통 나버렸다. 나는 그때 수술실에 근무하고 있었고 그이를 보러 갈 때마다 늘 동행하던 의사가 있었기 때문에 병원 동료들은 내가 그 의사와 애인인 줄 오해했다는 에피소드도 있다.

그이가 퇴원한 후 집으로 간 시기에 병원에서는 그의 동료 중 몇 사람이 취중 근무를 하여 병원에서 쫓겨나는 사건이 일어나게 되었다. 그래서 인턴 자리를 급히 메워야 하는 자리에 자연스럽게 그이가 인턴으로 들어오게 되었다. 그래서 우리는 늘 함께할 수 있었고 그때부터 우리의 사랑도 본격적으로 싹틀 수 있었다.

함께 거닐었던 길들, 그리고 첫 키스

공개적으로 교제를 시작하면서부터 우리는 거칠 것이 없었다. 그이는 기숙사로 와서 면회를 신청해 모든 사람이 알도록 공개적으로 나를 만났다. 그때 신촌 세브란스 병원 앞은 지금처럼 번화하지 않았었고, 정문 앞에는 기찻길이 둑으로 높이 싸여 있었다. 병원에서 이화여대 후문까지는 폭이 8미터 정도 흙길로 된 비포장도로가 있었다. 나는 그 길이 도시와는 상관없는 정겨운 맛이 있어 그 곳을 거닐기를 좋아했다.

그 길은 양쪽에 나무가 늘어져 있었다. 이대 부속 유치원 방향으로 올라가 철길 쪽으로 내려가면 지금의 이화여대 정문 앞까지 가는 길이있었다. 그즈음에 있던 커피숍에서 친구 커플과 함께 혹은 우리 둘이서 음악을 들으며 이야기했던 것이

연애시절, 수원 딸기밭 나들이

생각난다.

신촌을 벗어나 창경원에서 데이트 한 날도 있었다. 갑자기 쏟아지는 소나기에 나무 밑으로 비를 피하고자 잠시 머물렀다. 그런데 갑자기 그가 내게 다가와 포옹하면서 키스를 했다. 나는 나도 모르게 손수건으로 입술을 훔쳐냈다 하여 그이에게 훗날 말을 듣곤 했다. 그 첫 키스의 기억은 우리에게 오래오래 소소한 이야깃거리가 되어 주었다.

그저 바라만 보는 것으로, 함께 길을 거니는 것만으로도 좋았던 젊은 날이었다.

우리의 결혼식

어린 시절, 두 집 살림을 하시던 아버지를 보고 자란 나는 아버지가 조강지처인 엄마를 버린 거라고 생각했다. 그래서 나는 남녀 간의 완전한 사랑을 믿지 않은 채 성장하게 되었고, 당연히 남자에게 관심도 없다 보니 몸을 예쁘게 치장하는 것에도 관심 없던 아가씨가 되어 있었다.

그런 내게 남편은 처음이자 마지막으로 누군가의 한 여자이고 싶게 만들어준 남자였다. 결혼에 대해 비관적이던 나의 가치관을 한순간에 바꿔준 그이와 새로운 삶을 시작하고자 했다.

그날은 약간의 비가 내렸다. 그 당시 지금은 불타 없어진 광화문 세종문화회관 자리에 위치한 시민회관에서, 우리는 결

결혼식

혼식을 치렀다. 독실한 크리스천이던 남편은 청년 시절 결혼을 한다면 정동교회에서 예배식으로 결혼을 올리고 싶었다고 했다. 하지만 우리 집안에는 복잡한 사정이 얽혀 있었고 결국 남편의 바람과는 달리 남들의 이목이 집중된 시민회관에서 결혼을 하게 된 것이었다.

초대 국무총리 비서실장을 거치고 정계 입문을 준비하시던 아버지 덕에 가세가 조금 기울기는 했으나 우리 집은 아직 여유가 있는 편이었다. 또한 아버지께서 신문사를 하고 계셨기 때문에 집안 체면을 들어 나름 으리하게 결혼식을 올리길 주장하셨다. 시아버님이 계셨더라면 혹시 몰랐겠으나 이미 소천하신 뒤였기 때문에 시댁에서는 우리 아버지 뜻에 따를 수밖에는 없었을 것이다. 약간의 우여곡절이 있긴 했으나, 지금 기억에도 나는 그날의 내 결혼드레스가 참 예뻤다고 회상된다.

사랑하는 사람과 앞으로 평생 동안 한 인생을 살겠다고 다짐하는 시간이 결혼식일 것이다. 많은 사람이 지켜보는 축복의 시간이기도 하지만 살아 보니 참으로 무거운 발걸음의 시작점이 아니었나 생각되기도 한다. 우리 오십 년의 결혼생활이 시작되던 그 순간, 그리고 나의 새로운 인생이 시작되던 그 순간을 다시금 기억해본다.

단돈 오십 달러 들고 떠난 남편의 미국 연수

남편이 세브란스에서 전임강사가 되었을 때 미국으로 1년 동안 유학 갈 기회가 생겼다. 의사로서 놓칠 수 없는 기회였다. 우리는 살고있던 집의 전셋값을 빼 유학 준비를 하기 시작했다. 남편이 유학 가 있는 1년 동안 어린 동욱이와 수진이를 나 혼자 감당하기는 힘들어 우리 세 식구는 친정에 잠시 들어가 살기로 했다. 신혼 초의 몇 년간 시댁의 시집살이에 지쳐 있던 나는 오히려 휴식의 기회가 되지 않을까 내심 기대가 되기도 했다.

하필 그때 시어머니께서 우리와 별 의논 없이 신림동에 집을 계약하시고는 잔금이 모자란다며 전세 뺀 돈을 가져오라고 호통치셨다. 어쩔 수 없이 유학 자금으로 쓰려던 돈 중 3만

미국 유학시절의 남편

원을 어머니께 가져다 드렸다. 1960년대에는 웬만한 집의 전셋값이 10만 원을 넘지 않던 때이니 3만 원이면 어렵던 우리에게는 매우 큰돈이었다.

결국 우리 수중에 남은 돈은 이것저것 제하고 나니 1백 달러 정도였다. 나는 그 돈을 남편 미국 유학길에 용돈으로 다 주고 싶었다. 그러나 남편은 그마저도 반을 떼어 나에게 주고는 단

돈 오십 달러만을 들고 머나먼 미국 땅으로 갔다. 지금 생각해 봐도 그 멀리 떠나는 남편의 손에 오십 달러밖에 쥐여줄 수밖에 없던 현실이 끔찍하게 다가온다.

남편의 유학기간 동안이라 해서 시집살이가 끊긴 것은 아니었다. 미국에서 매달 보내오는 돈에서 생활비를 제하고는 우리의 미래를 위해 잘 모아놓으려 했으나 시댁에서는 시누이의 결혼, 시어머니의 생신 등 때때마다 내게 큰 돈을 보내달라 요구하였다. 남편이 곁에 없다고는 하나 그럴수록 더 잘 해드려야겠다는 생각에 군말 없이 다 해드릴 수밖에 없었다.

한편으로는 빨리 지나가리라 생각했던 1년이 생각보다 너무 더디게 흘러 견디기 힘들었다. 우리는 서로에 대한 그리움을 매일같이 주고받는 편지로 대신하기도 했으나 그것이 어찌 얼굴을 마주 대하는 것과 비할 수 있을까. 유학 초반에는 남편도 힘이 들었던지 편지에는 늘 다시 한국에 돌아가고 싶다는 말이 수놓아져 있었고, 나는 남편 없이 꾸려가는 가계의 힘듦을 노출하곤 했다.

그래도 우리에겐 끊임없이 꿈꿀 수 있는 미래가 있었고, 날로 날로 귀염을 덧입어 가는 동욱이와 수진이가 있었다. 이제와 돌아보면 매일 밤 서로 이역만리 타국에 몸을 누일지언정 늘 같은 하늘을 바라보며 행복한 미래를 꿈꾸던 날들이었다.

1991년 어느 가을날 당신께

여보! 낙엽이 아스팔트 위로 휘날리며 앙상하게 변하는 나뭇가지들을 보면서 우리들의 삶도 서서히 가을 나무처럼 되어간다고 공감하지 않을 수 없습니다. 오늘도 비바람 치며 가을에서 겨울로 접어드는 쓸쓸하고 쌀쌀한 계절, 그리고 마음과 몸도 그렇게 변해갑니다.

늘 함께하는 출퇴근 시간들이 다시 돌아올 수 없는 삶인 것을 느껴가며 소중하게 간직하는 순간순간들이 된다고 서로 말했었지요. 검고 아름답던 머리가 반백으로 물들며 젊고 팽팽했던 모습들이 노인의 모습으로 점점 변해가고 있는 우리들. 참으로 오랜 세월동안 하나님의 은혜로 살아온 우리들은 그 사실을 왜 이제야 절실히 깨닫게 되었을까요?

나는 항상 당신을 도와 열심히 살아왔고 최선을 다했으며 헌신적이었고 또 당신을 사랑했다 믿었습니다. 성경 에베소서에 있는 아내의 도리를 다하려고 노력했으며 남편의 말씀에 늘 순종하며 복종하는 아내라고 생각해왔습니다. 그것이 곧 아내 된 자의 자랑이라고 스스로 자부해왔습니다. 그리고 당신도 그렇게 생각하고 인정해주셨습니다.

당신, 기억하시는지요? 나는 남편보다 하나님을 더 사랑할 수 없기 때문에 예수를 열심히 믿을 수 없으며 교회 생활에 열심히 희생적으로 참여할 수 없겠다고 했던 말을 말입니다.

성경공부를 하면서 나는 얼마나 어리석은 아내였으며 어머니였나를 깨닫게 되었습니다. 그 좋던 당신의 신앙생활을 그 많은 시간 동안 하나님을 외면하게 하는 생활로 이끌었으며 그저 세상 편하고 즐거움으로 가득한 가정, 정말 기쁨이 무엇이며 평화가 무엇이었는지 잊은 채 살아오게 한 장본인이 바로 나, 아내 된 자의 소행이었다는 것을 말입니다.

어렸을 때부터 바른 신앙생활을 해온 딸에게 입시의 중요성을 너무나 강조한 나머지 신앙생활을 게을리 하게 이끌었으며 이제 그 모든 것을 청산하고 다시 주님께 돌아오게 하려니 참으로 어렵고 힘들다는 것을 깨닫게 됩니다.

이제부터라도 믿음의 조상 아브라함의 신앙생활, 또 욥과 같은 신앙을 우리 가정의 이정표로 삼아 영적으로 성숙한 가정을 이뤄가는 데 함께 노력하는 부부가 되게 하여 달라고 주님께 매달려 부탁드립니다.

오랜 세월 주님을 멀리한 탕아 같은 우리를 받아들여 주신 주님께 감사하면서 어려운 일만 있으면 매달려왔던 우리들, 그때마다 지혜와 인내를 주셔서 잘 지내게 하여 주신 주님께 감사하면서 우리 생애를 마무리하여 가는 단계에서 주님과 함께하는 삶이 되도록 함께 기도해주시기 바랍니다.

주름진 손에 끼워진
빛나는 에메랄드 반지

나는 지금도 유난히 손을 드러내는 것을 꺼려한다. 지금 내 삶의 힘이 되어 주는 인형을 만드는 일도, 뜨개질을 하는 일도, 맛있게 요리를 하는 일도 모두 이 손이 해주는 일임에도 나는 내 손 자체만을 바라보고 있는 것이 그리 달갑지만은 않다. 아마도 오랜 시간 많은 일들을 겪으며 안 해본 일 없이 모두 해낸 이 손이 그 시간의 고생만큼 많은 주름을 간직한 채 거칠한 가죽만이 남아있기 때문일 테다. 지금에야 나이가 든 할머니가 되다 보니 주름진 내 손이 당연하게 생각되지만 삼사십대의 다소 어린 중년 때에도 곱지 않은 내 손은 일종의 콤플렉스이기도 했다.

마흔다섯 때쯤으로 기억한다. 당시에는 각 집에 돌아다니

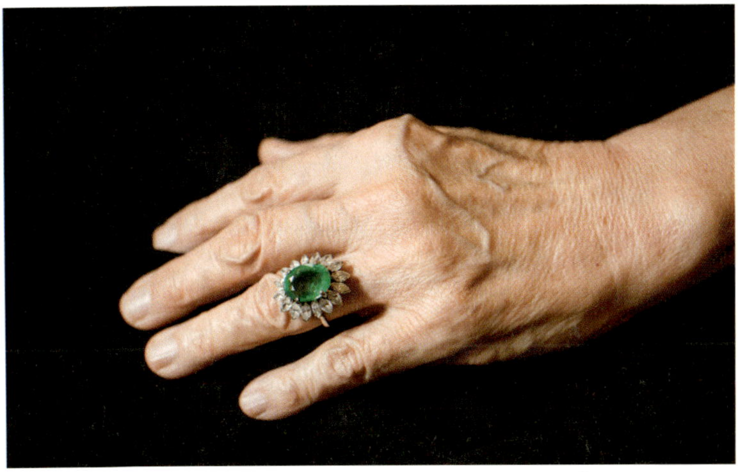

빛나는 에메랄드 반지

며 옷이며 화장품이며 파는 아주머니들이 성행하던 시절이었다. 하루는 예쁜 액세서리를 파는 분이 집에 방문하셨는데, 그 물건 중 내 눈길을 사로잡는 반지가 있었다. 영국 찰스 황태자의 약혼반지와 똑같은 디자인으로 12캐럿짜리 다이아몬드같이 너무나 예쁘게 반짝이고 있던 반지였다. 영롱한 초록빛깔의 에메랄드 반지였고 그 자리에서 사기에는 꽤 고가의 제품이었다. 가격을 얘기하며 남편에게 사고 싶다는 의중을 내비쳤더니 남편은 흔쾌히 사서 끼라며 선물해주는 게 아닌가. 지금까지 수고한 내게 주는 선물이라며, 당신은 이 반지를 낄 자격이 있다며 토닥이는 남편이 얼마나 고마웠는지 모른다.

세월이 흐를수록 내 손의 주름과 거칠함은 더해갔지만 에메랄드 반지는 여전히 내 손가락에 끼워져 내게 한없이 베풀어준 남편의 사랑을 빛내고 있다.

빨간 스커트

처녀 적부터 호리호리한 몸매를 지녔던 나도 한때 몸이 심하게 불었던 때가 있다. 기억으로는 당시 64킬로그램까지 살이 쪄 웬만한 기성복이 예쁘게 맞을 리가 없던 시절이었다.

어느 날엔가 방문판매 하는 아주머니로부터 흰색에 빨간 줄무늬가 있는 예쁜 스웨터를 구입하게 되었다. 웬일인지 어떤 옷을 갖다 대놔도 영 어울리지가 않았다. 이러저러 고민 중에 입지도 못하고 장롱 속에 자리만 차지하고 있을 수밖에 없었다.

거주하던 아파트에서 동네친구로 지내던 엄마가 있었는데, 남편이 황씨라 황씨부인이라 불리던 이였다. 그녀의 남편 별명이 '노랭이'였다. 성씨 때문에 붙여진 별명이기도 했으나 돈

쓰는 일에 하도 인색하다 하여 그리 불리기도 했다. 택시운수업을 하던 회사의 사장이었는데 어느 정도 살 만한 형편에도 유난을 떨었던 기억이 있다.

한번은 황씨가 친구들과 미국 여행을 가게 된 적이 있었다. 그 부인이 그 소식을 듣고는 내게 예전에 사 두었던 흰색 스웨터에 맞는 스커트가 미국 '셀린느'라는 브랜드에 있으니 남편이 미국에 가는 김에 말해 보겠다고 했다. 나는 마침 잘됐다고 생각하여 그이에게 내 스웨터를 보여주면서 꼭 사다줄 것을 부탁하게 되었다.

다행히 황씨가 미국에서 돌아오던 날 그의 손에는 내가 부탁한 빨간색 스커트가 들려 있었다. 그 스커트를 내게 전해주는 그의 표정이 영 떨떠름했다. 그가 사온 내 스커트는 꽤 고가의 제품이었는데, 내 것만 사올 수가 없어 어쩔 수 없이 당신 아내의 옷까지 사오게 된 것이다. 평생을 구두쇠처럼 산 양반이니 당시 사백 달러나 주고 여자 옷을 산다는 걸 상상조차 해본 적이 없던 것이다. 하여 황씨는 그 화를 우리 남편에게 내며 닦달하더란다. 도대체 이 박사는 무슨 배짱으로 이리 비싼 돈을 주고 부인 옷을 사주느냐는 것이었다. 그런데 가만히 듣고 있던 우리 남편이 그에게 이렇게 말했다 한다.

"글쎄요. 나는 우리 아내가 지금까지 나를 위해 고생하며 산 것을 생각하면 더 비싼 것을 갖고 싶다고 해도 다 사줄 수 있어요."

이후 도무지 앞이 보이지 않는 남편의 투병생활이 계속될 때 문득문득 밤에 방을 뛰쳐나가 차를 몰고 벗어나고 싶을 때 나는 이 빨간 스커트를 꺼내보며 남편이 했던 그때 그 말들을 기억했다.

남들에게는 한갓 스커트일 뿐이겠지만 내게 이 스커트는 나를 향한 남편의 사랑을 느낄 수 있는, 그래서 내게 고단한 삶을 견디게 해준 소중한 보물이자 남편의 마음으로 남아있다.

남편의 환갑 맞이 여행길에서

남편이 만 육십 되는 환갑의 해였다.

코펜하겐에서 학회를 빌미 삼아 그이의 환갑 여행을 계획했다. 학회 참석 열흘과 주말 그리고 일주일의 여름휴가를 이용하여 단둘이 18일간의 여행 일정을 잡았다. 코펜하겐, 에든버러, 런던, 잘츠부르크, 프라하 등 짧은 일정이었지만 여러 군데를 함께하고자 건강치 못한 그이를 걱정하면서도 나는 열심히 여행정보에 관한 책을 탐독하며 일정을 계획하고 여행길에 올랐다.

비엔나를 경유하여 잘츠부르크에 도착한 것은 거의 밤 10시가 다 되어서였다. 호텔에 도착하자마자 체크인을 하고 여독을 풀기 위해 바로 잠자리에 들 수밖에 없었다. 긴 비행이 피

환갑여행(잘츠부르크)

곤해서였는지 그이와 나 둘 다 잘 잤다.

잘츠부르크에서 머물렀던 호텔은 그곳에서 제일 위치가 좋은 고급 브리스톨 H. 호텔이었다. 미라벨정원을 앞으로 한 호텔로서 모든 여행을 그곳에서 시작할 수 있게 되었다. 수놓은 듯한 아름다운 궁전 뜰을 매일 아침 산책하며 남편과 도란도란 이야기를 나누었던 시간은 아직도 잊을 수가 없는 순간이었다.

조금만 걸어도 피곤하여 앉기를 원하는 그이를 격려하며 첫날에 시티투어를 감행했다.

잘츠부르크는 마치 수놓은 것 같은 창문을 지닌 아름다운 집들과 꽃들로 장식된 호반의 도시이다. 영화 〈사운드 오브 뮤직〉에서 결혼식을 올린 성당과 모차르트의 생가와 그의 부모의 묘지를 함께 볼 수 있었다. 아름답고 넓은 호수를 거닐면서 하나님이 아름답게 만들어주신 자연의 아름다움, 한 폭의 살아있는 아름다운 그림 같은 풍경을 눈에 가득 담았다.

그날 저녁 우리는 인형극장에서 모차르트의 〈마법의 피리〉 인형극을 보았다. 그 다음날은 잘츠부르크섬과 아름다운 간판들이 줄지어 있기에 꼭 걸어보아야 한다는 게트라이데 거리를 거닐었다. 잘츠부르크시가 다 보이는 카페에서 커피를 한 잔 마시면서 시가지를 한 번 더 내려다보고 저녁에는 미나벨궁전에서 하는 실내악을 함께 들었다. 음악감상이 취미던 남편이 유난히 좋아하던 것이 기억에 남는다.

잘츠부르크 여행을 마치고 우리는 프라하로 떠났다. 프라하에 오후 4시쯤 도착하여 인터네셔널호텔에 투숙하였다. 당일에는 남편이 피곤해 하여 우선 쉰 다음 이튿날에야 시가지를 둘러볼 수 있었다. 그이와 함께 카를 다리와 캄파섬을 거닐며 마치 우리가 중세 유럽의 멋진 커플이 된 느낌을 만끽했다.

구 시청에는 천문시계가 있는데 매 시간마다 시계 문이 열리면서 열한 사도가 오르골처럼 돌아가는 모습을 보여주었다. 나는 그 광경이 무척 신기해서 한참을 서서 바라보았다.

몸이 아픈 남편과 함께한 여행길은 남들이 불가능하다고 말리는 여행길이었지만 그이가 얼마 남지 않은 퇴임을 준비하던 때라 그간 고생 많았던 삶에 조금이나마 선물이 되고 싶어 계획한 여행길이었다. 얼마 전 다시 에든버러에 다녀올 기회가 생겼는데, 비록 혼자였지만 남편의 환갑 여행 때 함께 거닐던 기억이 새록새록 솟아나는 것을 느꼈다. 한국뿐만이 아닌 세계 곳곳에서 그이의 숨결을 느낄 수 있음에 참 감사하게 된다.

크루즈여행기 1

서던 캐러비안 크루즈

2000년도는 지금 거주하고 있는 이곳 노블카운티에 들어오기 바로 직전이었다. 그 당시 의대 산부인과 교수였던 남편은 65살까지 충분한 정년기간이 남아있었다. 하지만 나는 젊은 후배들도 많은데 남편이 병환 중에 자리를 차지하고 있으면 올라올 사람들도 못 올라오고 또 혹시 수술 중에 사고가 생겼을 시에 남편이 잘못하지 않았더라도 괜스레 여러 사람에게 오해를 사거나 피해를 줄까 염려되었다. 그래서 남편과 의논 끝에 예순한 살이 되던 해에 명예퇴직을 했다.

그 후 남편의 친구가 플로리다 템파의 블랙다이아몬드에 있는 자신의 별장에 우리를 초대하여 3개월 동안 체류하게 되었다. 그곳에 있던 기간 중 보름 정도를 시간 내어 서던 캐러비

서던 캐러비안 크루즈여행

안 크루즈 여행을 떠났다. 다른 사람들은 보름씩이나 크루즈 여행을 어떻게 가느냐고 만류했지만, 나는 그곳에서 여러 재미를 만끽할 수 있었다.

크루즈를 떠난 2월에는 마침 발렌타인데이가 있었다. 크루즈에서는 보통 우리네 같은 노인들은 이른 저녁 시간에 밥을 먹고 극장이나 칵테일 바를 가든지, 영화를 보거나 쇼를 보든지 해서 밤 시간을 즐긴다. 우리 역시도 그렇게 시간을 보냈다.

미국에서 직접 신청해서 간 것이라서 배 안의 약도를 보고 직접 방을 선택할 수 있었다. 남편이 그 당시에도 아팠기 때문에 우리는 한 층에 네 개 정도 있는 장애인 객실을 이용했다. 다행히 돈을 더 내야 하는 것은 아니었으나 보통 객실보다 3배 정도가 컸고, 장애인을 위한 시설이 세세하게 신경 써서 마련되어 있어 지내기가 참 편했다.

초등학교 교사를 은퇴한 캐나다인 자매, 굉장히 돈이 많은 캐나다 부부, 한국에서 온 우리 부부, 버클리 음대 교수직을 은퇴한 일본인 부부 이렇게 여덟 명이서 주로 어울려 놀았다.

크루즈 안에는 3천여 명의 사람들이 있었지만 동양인은 일본인 부부와 우리 부부 딱 네 명밖에는 없었다. 일본인 부부는 미국에서 태어났는지 영어를 굉장히 잘했다. 그들은 일본에 있는 자신의 친척들과도 영어로 의사소통을 잘 하지 못했기에 동양 사람들은 영어를 못할 것이라는 생각을 하고 있었다. 그들이 우리를 보고는 어떻게 영어를 잘할 수 있냐며, 우리와 같이 일일여행에 참가하며 함께 어울리던 사람들에게 한국인이 영어를 한다며 참 신기해했던 기억이 난다. 나는 아이가 몇이냐, 남편은 무슨 일을 하는지 등의 정말 간단한 영어를 한 것뿐이었는데도 그들이 그렇게 재밌어하고 신기해 하니 나도 덩달아 신이 나고 재미있었다.

우리가 식사 전에 늘 애피타이저로 수프를 시켜먹을 때마다 캐나다 부인은 자신의 전남편이 꼭 식사 전에 수프를 먹으라고 했다며 현재 자신의 남편 앞에서 그런 우스갯소리를 하곤 했다. 그들에게는 재혼이라는 것이 그다지 흠이 되지 않는 모양이었다.

캐나다인 자매는 종종 캐나다인 부부를 놀리곤 했는데, "너희 부부는 비싼 돈을 주고 위층 객실에 머무르지만, 일반 객실을 쓰고 있는 우리와 같이 식사를 하고 구경도 똑같이 하고 있지 않느냐며 억울하겠다!"는 식의 농이었다. 난 영어는 잘 못했지만 위트 있게 농담하며 어울리는 그네들의 그 모든 것들이 참 재미있었다.

장군직에서 은퇴한 독일인 부부도 만날 수 있었다. 그 당시 내가 예순 둘이었는데, 자기가 보기에는 내가 마흔 살 정도밖에 안 보인다고 늘 나에게 예쁘다는 말을 해주었다. 내가 드레스를 미리 준비하지 못해 미국 고등학생들이 파티 때 입는 저렴한 드레스를 사서 크루즈에서 입었다. 독일인 부인이 내 모습을 보고는 정말 젊어 보이고 예쁘기 때문에 남편이 좋은 옷도 해주는 것 같다며 칭찬했다. 나는 저렴한 드레스와 가짜 다이아몬드 반지, 목걸이, 귀걸이로 치장하고 있는 상태였음에도 말이다. 그런 독일 여자의 말이 참 우습고 재미있었다.

미국 체류 중에 예정 없이 이뤄진 크루즈 여행이었지만 한국에서 늘 아등바등 지내다가 우리 또래의 타국 부부들을 만나 대화하는 그 시간이 많은 힐링이 되었다. 세계 어느 곳이든지 부부로 엮인 사람들의 삶, 그 끈끈한 애정을 느낄 수도 있었다. 한편으론 나의 남편이 나를 얼마나 아껴주고 있었는지, 내가 얼마나 아름답게 나이 들고 있는지를 목도할 수 있는 기회여서 즐겁고도 뜻 깊은 여행길이었다.

크루즈여행기 2

동남아 크루즈

2007년, 그이와 마지막으로 한 동남아 크루즈 여행이다. 1997년 알래스카 크루즈, 2000년 서던 캐리비안 크루즈, 2001년 이스트 캐리비안과 바하마 크루즈까지 세 번의 크루즈 경험이 있다.

그이와 여행을 하기 위해서는 전동 휠체어를 가지고 움직여야 했기 때문에 예전 크루즈여행에서 잘 걷지 못하는 사람들도 여행 오던 것이 생각나 다시금 크루즈여행을 기획하게 되었다.

마침 노블카운티에 함께 거주하던 80세가 넘은 노부부가 우리와 함께 가자고 부탁해왔다. 나는 흔쾌히 그 노부부와 함께 크루즈를 가려 했는데 우리 딸이 그 얘기를 듣고 너무 놀라 얘

동남아 크루즈여행

기하기를, "엄마 아픈 아빠를 모시고 두 분이서 가시는 것도 힘든데 어떻게 다른 어르신들까지 모시고 가려고 하세요?" 하는 것이었다. 순간 걱정이 되기도 했으나 그쪽 부인이 건강하니 남편이 아파서 어떤 때는 혼자 감당이 안 될 때가 있는데 서로 짐도 맡아줄 겸 같이 가는 게 더 나을 것 같다고 이야기하여 딸의 허락을 받아냈다.

이 노부부에 대해 간단히 소개하면, 세계적인 명품 화장솔을 만드는 중소기업을 운영하시는 분들이셨다. 중국 공장에서 근무하던 아들이 42세에 심장마비로 갑자기 죽은 뒤로 그때부터 너무나 충격이 커서 말씀도 잘 못하시고 건강이 나빠지셨다 한다.

그렇게 두 부부가 서로를 의지하며 동남아 크루즈에 몸을 싣게 되었다.

우리나라에서는 배를 탄다고 하면, 한국 여행사에서 옵션투어라는 것을 만들어서 여행객들에게 바가지를 씌우는 일이 종종 일어난다. 다행히 내가 이전에 여러 번의 크루즈 경험이 있어서 그 일정에 현혹되지 않고 독자적으로 배 안에서 영어 프로그램으로 일정을 짤 수 있었다. 여행사에서는 나이든 내가 알아서 한다고 하는 말에 마뜩찮아 했으나 내 고집을 꺾을 수는 없었다.

사실 크루즈는 각국 사람들이 모이는 여행이기 때문에 딱히 영어를 모른다고 해도 크게 상관은 없었다. 영어로 대화를 할 수는 없어도 읽을 수 있는 몇몇 단어 정도의 실력만 있다면 옵션투어 설명서를 보면서 매우 재미있게 즐길 수 있다. 사실 크루즈는 편안하고 안락하게 여행하는 것이 목적이기 때문에 여행사가 기획한 관광지 옵션투어를 하자면 몸이 여간 피곤한 게 아니었다.

우리는 발코니가 있는 방을 썼었는데, 남편은 아파서 자주 잠을 청할 수밖에 없었다. 그이가 잠을 잘 때면 난 발코니에 나가 밤바다를 바라보곤 했다. 배의 움직임에 따라 구름이 움직이는 그 밤바다 속 구름의 풍경이 어떨 때 보면 샤갈의 그림 〈신부〉 같기도 하고 참 멋있었다. 그러다 간혹 이번 여행이 남편과 하는 마지막 여행이지 않을까 하는 생각에 서글픈 마음이 들기도 했다.

크루즈는 정장 차림으로 밥을 먹게 되어 있는데, 이번 동남아 크루즈는 3일이라는 짧은 일정이라 정장을 차려입는 만찬은 하루뿐이었다. 이틀 동안 캐주얼을 입을 수 있었기 때문에 굉장히 편안했고 재미있게 즐기며 생각할 수 있는 시간을 가질 수 있었다. 남편의 전동휠체어를 가지고 갔기 때문에 육체적으로는 힘든 것이 덜했지만, 남편이 식사를 잘 하지 못해 정신적으로 힘든 일이 있기도 했다. 크루즈의 마지막 날인 크리스마스 이브에는 모든 직원들이 나선형의 계단에 서서 〈올드랭 사인〉을 손을 흔들며 불렀다. 우리에게 굿바이하며 인사를 건넬 때 이것이 남편과의 마지막 여행이라는 마음에 서글펐다.

3박 4일 간의 크루즈여행을 마치고, 같이 간 분들에게 이야기를 해서 함께 싱가포르에 하루 정도 더 머무르자고 이야기했다. 그때가 크리스마스 기간이었기 때문에 세일을 하고 면세이기 때문에 필요한 것을 싼 값에 살 수 있었다. 크루즈여행만 한다면 싱가포르에 아침에 정박해서 저녁에 떠나야만 했지만 우리는 하루를 더 머무르게 되어 싱가포르 공원, 옥차드로드 등을 구경할 수 있었다.

싱가포르를 떠나던 날 그 곳이 조금 추웠던 탓인지 남편은 식사를 마치고 체하였다. 먹었던 모든 것을 다 토하는 바람에 한국에 못 올 수도 있다는 생각에 다른 이들이 걱정을 많이 했다. 내과 간호사였던 내 경험으로 미루어보아 남편이 먹은 것을 다 토해냈기 때문에 한국으로 돌아가는 5시간 정도는 그다지 무리가 되지 않을 것 같았다. 남편에게 잠 오는 약을 먹여 내내 잠든 상태에서 한국에 도착하게 되었다.

지금도 그때의 크루즈 여행을 생각해보면 무리를 해서라도 여행을 함께했던 것이 참 잘했다는 생각을 한다. 아픈 남편과 함께 여행을 한다는 것이 참 무모하기도 한 것 같지만 최선을 다해 도전하여 좋은 추억을 가질 수 있었다. 여행을 다녀온 이후 얼마 지나 남편의 건강이 아주 나빠지게 되었다. 음식을 전혀 삼킬 수가 없었기에 약 또한 먹을 수가 없었다. 만약 그때 여행을 다녀오지 않았다면 지금 와서 추억할 수 있는 하나의 여행기가 사라졌던 것이기에 두고두고 잘했던 일로 기억된다.

우리가 함께한 용평의 겨울

앙상한 겨울나무에 촘촘히 수놓아진 작은 전구에서 반짝이는 불빛이 용평의 겨울을 따뜻하고 아름답게 느껴지게 한다. 보석처럼 빛나는 불꽃 사이로 쏟아지는 새하얀 눈가루는 은빛 꽃가루를 휘날리며 바람과 더불어 하늘 높이 사라진다. 음흉한 소리를 마구 질러대는 바람소리조차 음악처럼 들리는 용평의 밤이다. 노랑, 파랑, 분홍, 빨강의 이름으로 불리는 스키 슬로프에 비췬 환한 불빛 아래 젊은이들의 깔깔거리는 웃음소리가 들리는 듯하다. 멀리 보이는 버치힐의 희미한 불빛, 그리고 타워 빌라의 불빛과 함께 용평의 밤은 깊어만 간다.

지난 2005년 1월, 겨울이 가기 전 눈 덮인 용평의 발왕산과 활기 넘치는 스키장 그리고 강릉의 겨울 바다를 그이와 함께

용평여행, 가을연가 촬영장소에서

보고 싶다는 생각에 동해로 달려갔다. 병마에 시달리는 그이와 동행해야 하는 여행을 걱정하며 만류하는 이웃들을 뿌리치고 강행할 수 있었던 것은 딸아이의 격려 때문이었다.

용평 가는 차 안에서 젊은 날에 우리가 함께 자주 듣던 팝송 짐 리브스의 〈He will have to go〉를 들으면서 지나온 옛 이야기도 나누었다. 휴게실에서 김밥과 우동을 사 먹고 커피도 마시며 병들고 늙음도 잊은 채 생각은 뒷걸음치며 그 옛날의 추억 속으로 빠져들었다. 벚꽃이 눈송이처럼 쌓이던 어느 봄날에 창경원 길을 걷던 우리, 갑자기 쏟아지는 소나기를 피해 나무 아래 숨어 입 맞추었던 달콤한 기억들과 주고받던 수많은 사랑의 사연들이 떠올랐다.

사계절 중에서 가을을 지나 겨울에 도달한 우리들의 삶이다. 나의 삶의 봄날은 세상을 향해 돋아나는 신록의 순수함과 희망의 계절이라면 여름의 삶은 열정과 완성을 향해 달리는 왕성한 시기였을 것이다.

풍요와 넉넉한 마음으로 변화되어 안주하는 가을의 삶을 떠나 겨울에 도달한 평온과 수용의 삶에서 지난날을 돌아보았다. 사랑하는 아들을 잃은 아픔도 함께했고, 열 번 이상 셋집을 전전하며 이사하다가 처음으로 집을 장만했던 기쁨도 함께 나누었다. 어느 해 크리스마스 이브였던가, 추운 줄도 모른 채 신촌에서 이문동까지 이야기하면서 걷다가 되돌아 신촌에 도착하니 동이 터 오던 일이 생각났다.

금하는 것 없이 능력이 허락하는 한 원하는 것은 무엇이나 들어주고 싶다던 그이였다. 늘 사랑한다고 수없이 말해주던 그이였고 "당신은 착하고 예쁜 사람"이라고 말해주던 그이였다. 베토벤의 크로이체 소나타를 즐겨 듣고 드보르자크의 첼로 협주곡을 좋아하며, 함께 식당에 가면 의자를 끌어서 나를 먼저 앉혀 주고 길을 걸을 때도 여자는 차도 안쪽으로 걷는 거라며 나를 아껴 주던 멋진 그이였다. 그런 그이가 어느 순간 자신의 나이도 그가 위치한 곳도 주소도 전화번호도 잊어버리고, 심지어 딸이 시집간 사실도 잊은 채 귀가하지 않는다고 걱정하기도 했었다.

그런 현실도 잊어버리고 나는 그이와 함께 스키 슬로프를 바라보며 즐겁게 저녁 식사를 했다. 예전에 우리가 그랬듯이 대형 벽난로 앞에서 매캐한 연기냄새를 내며 탁탁 튀는 장작 소리와 활활 타는 불꽃의 따스함과 커피를 즐겼다.

잘 전지된 노송 사이로 바라본 강릉 겨울 바다의 파도는 수평선 끝으로부터 수없이 밀려와 진남색에서 초록색 연두색으로 옷을 갈아입으며 손에 손잡고 출렁이며 다가온다. 그리고 다소곳이 소복으로 갈아입고 종래에는 흰 거품이 되어 바위에 부서지고 이내 곧 사라진다.

찻집에서 흘러나오던 경쾌한 멜로디의 재즈, 밖에서 간간이 들려오던 파도소리를 듀엣으로 들으며 서로를 바라보며 웃을 수 있음에 감사하며 그이를 바라보던 그 순간이 눈에 아른거린다.

평생을 함께했어도 이별은 아쉽다

2013년 7월 여름, 국지성 호우가 간헐적으로 이어져간 날들이다. 안개처럼 뿌리는 비, 희미한 바깥 풍경이 그저 슬프다. 호스피스 병원에서 점점 여위어가는 남편을 보면서 오늘은 왠지 이별을 말해야 할 것 같다.

남편과 나는 대학 졸업하던 해에 만나 사랑을 했고 결혼을 했다. 가난했고 시집살이가 힘들었을 때에도 그는 나에게 버틸 힘을 주었다. 나에게 늘 "사랑해. 당신은 예쁘고 착한 사람이야."라고 말해 주었다. 성경말씀을 인용하여 '자식이 장성하여 부모의 품을 떠나 아내와 연합하여'라는 구절을 말하면서 "내 사랑의 첫 번째는 당신."이라고 말했다.

친정아버지의 이중생활로 남자 불안증이 있는 날 배려해

옛집에서 부부의 젊은날

1967년부터 1968년 1년간 미국연수 중인 남편이 매일 일기로 보낸 편지를 아직도 간직하고 있다. "여보 고맙고 사랑해요. 나 다시 태어나도 당신과 결혼할게요. 당신은요?" 하고 물으니 슬픈 미소를 지으며 끄덕거리는 당신의 대답. 경제가 허락하는 대로 원하는 거 다 해주고 싶다던 당신의 말에 "이 세상 떠날 때까지 잊지 않겠어요."라고 그이에게 속삭였다. "내 마음을 이 노래로 대신할게요." 알 마르티노의 감미로운 노랫소리 〈I love more and more everyday〉가 우리 가슴을 적셨다.

이틀 후 7월 16일 우리들의 딸 수진과 가슴으로 낳은 딸 순형, 간병인 경민이까지 모두 한자리에 모였다. 남편이 세상을 떠나 하나님 품으로 떠나던 날, 수진이는 아빠의 등을 쓸어드리고 순형이는 다리를 주물러 드리고 경민이는 발을 주물러 드렸다. 남편 앞에 앉아 나는 그이의 손과 팔을 만지작거렸다.

우리는 차례로 그이에게 이별의 말을 건넸다. 딸 수진이는 "낳아주시고 사랑으로 키워주시고 한마음으로 예수님을 사랑하는 가정을 주심에 감사드려요. 아빠 사랑해요. 천국에서 먼저 간 오빠도 만나고 다시 만날 때까지 기다려주세요." 하면서 아빠를 안아드리고 입 맞추었다. 가슴으로 낳은 딸 순형이는 "잘 돌봐주시고 사랑해주시고 의지가 되어주셔서 감사합니다. 아빠 사랑해요." 하며 그이의 볼에 입을 맞추었다. 간병인 경민은 "좋으신 선생님 만나 모실 수 있어 영광이었습니다. 잊지 않겠습니다. 사랑합니다." 하고 볼에 입을 맞추었다.

이어 경민이는 나에게 "어머니, 아버님께 뽀뽀해드리세요." 라고 말했다. 수진, 순형, 경민이가 "뽀뽀! 뽀뽀!" 하면서 합창을 해댄다. 경민이가 세 번이나 하라면서 외쳐댄다. 나는 여윈 그이를 껴안으며 세 번 입 맞추는 것으로 작별을 했다.

하나님 품에 안기실 때까지 아이들은 찬송가를 불러 드렸다. 오후 일곱 시쯤 그이의 숨이 가빠지기 시작했다. 7시 30분쯤 감았던 눈을 크게 뜨고 나를 쳐다보았다. 다시 눈을 감더니 또 한 번 나를 본 후 하나님 품에 안겼다. 숨을 거둔 후 나는 그이를 안아주고 마지막으로 입 맞추고 사후처치 후 목욕을 시켜 드리고 수의를 입혀 드렸다.

그이가 흙에서 왔다가 한 줌의 재가 되어 흙으로 돌아가던 날, 장마가 온 것조차 잊은 듯, 하늘엔 햇빛이 찬란했다. 장지에서 돌아오던 버스에서 유골함을 안고 있던 딸아이가 "엄마 하나님께서 아빠를 반갑게 맞아주시는 것 같지?" 하며 나를 위로했다.

당신은 내 마음에 썰물과 밀물

흐르는 물은 다시 돌아오지 않는다.
그러나 당신은 밀물 되어 돌아오고
썰물 되어 떠나간다.

반짝이는 별들 속에 당신 모습 보이고
지는 황혼 속에서도 당신 얼굴 보이네.
떠난 당신 세월이 흐르고 또 흘러도

내 마음속에 당신 남아있고
내 눈 속에 항상 보이네.

제3장

가을처럼 고요한 사랑

영친왕 이은의 개인 간호사로

모처럼 들렀던 간호학회에서 누군가 내게 영친왕의 개인 간호사를 뽑는다는 정보를 가르쳐주었다. 보수가 꽤 괜찮으니 그곳에 취직해보는 게 어떻겠냐는 말에 나도 괜찮겠다 싶어 지원하게 되었다.

일등실에 혼자 머물던 영친왕의 병실에서는 세 명의 간호사가 교대를 해서 근무를 했다. 거동이 불편하신 상태였기에 늘 보호가 필요했기 때문이었다. 세 사람이 교대로 근무한다고는 하나 쉼 없이 돌아가는 일정에 한 달에 두 번 정도는 밤새 붙어있어야 하는 일이 조금 힘들기도 했다.

그때는 내가 시집살이도 심하고, 밥도 제대로 잘 못 먹고 다니던 시절이었다. 6층 병실에서 아래를 내려다보면 순간순간

1965년즈음 가족사진

참 뛰어내리고 싶은 마음이 있을 만큼 힘들고 현실에서 벗어나고 싶기도 했다.

그 시절을 생각하면 참으로 존경할 만한 한 분이 떠오른다. 바로 이방자 여사다. 여사는 왕가에서 태어나 자라고 했어도 YMCA 문화센터에 가서 옷 만드는 것을 배워서 투피스도 만들어 입으시고, 연세도 많으셨음에도 불구하고 인형도 본인 손수 만들어서 고아원에 보내곤 하셨다. 또한 한국어를 배우기 위해 그렇게 애를 쓰기도 했다. 개인 간호사로 있는 동안 내가 일본어를 배울 수는 있었는데, 이제와 생각해보면 그때 일본어를 배워 방자 여사와 좀 더 많은 대화를 할 수 있었으면 얼마나 좋았을까 싶다.

이방자 여사는 간호사로 연을 맺은 나를 위해 칠보반지나 브로치 같은 장신구 등을 선물로 주시기도 했다. 또 옛 왕가의 궁중 의복이 나와 있는 책을 하나 주시기도 했는데, 훗날 이 책은 내가 인형을 만드는 데에 참고서가 되어 주기도 했다.

왕가의 후손이라고는 하나 이미 기울어버린 비운의 왕, 조선의 마지막 황태자인 영친왕의 부인으로서 타국에서 병상의 남편을 바라보고 있는 것이 어찌 힘들지 않은 삶이었을까. 그럼에도 불구하고 자신의 주어진 상황을 늘 기쁘게 감당했던 그분의 모습이 남편의 병상을 지킬 때 간혹 떠올라 내게 흔들리지 않는 힘이 되어 주곤 했다.

어른이 되지 못한 나의 아들

나의 아들 동욱은 6살이 되던 해에 유치원에 입학했다. 큰 눈에 잘생긴 얼굴을 보며 사람들은 세브란스 직원 아이들 중에 제일 잘생기고 예쁘다며 입 모아 칭찬을 했다. 음감이 뛰어났던 아이는 노래도 잘했고 한 번 들은 멜로디는 거의 다 외울 만큼 영특하기도 했다.

웬일인지 유치원 졸업할 무렵부터 눈을 깜빡거리며 얼굴을 찡긋거리기 시작했다. 연필을 쥐면 아주 천천히 글씨를 썼다. 성격이 급했던 난 아들의 그런 행동이 너무나 답답했다. 옷도 느리게 입고 신발은 스스로 신기도 어려워했다. 나는 아이에게 괜한 꾀를 부린다며 신경질을 부리고 화도 냈다. 그러나 아이는 시간이 지날수록 나아지기는커녕 점점 심해져갔다. 아

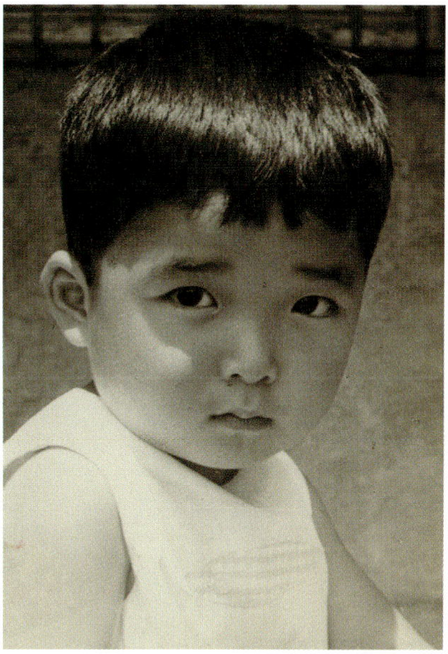

어른이 되지 못한 아들

이를 데리고 병원에 가 진찰을 받으니 간질 같다고 했다. 나는 어찌할 바를 몰랐다.

간질이라 알았던 병은 초등학교 입학할 무렵 뇌종양이라는 진단으로 바뀌어 있었다. 희망이 없다고 했다. 나는 하나님을 원망했다. 결혼을 한 것도 후회했다. '내가 무슨 죄를 지었기에 내게 이런 시련을 주시나.' 하는 마음이 커갔다. 수술할 때 정맥이 잘 안 보여 수없이 찔러댔던 주삿바늘은 아들의 팔을 늘 푸르른 멍으로 도배해놓았다. 뇌수술 후 한쪽 머리의 뼈를

아들의 투병생활 중

잘라 붉어져 나온 종양은 나의 아들을 괴물로 만들었다. 고통을 참기 위해 투여하는 모르핀은 점점 늘어만 갔고 약이 떨어질 시간이 되면 벌벌 떠는 아이를 바라보며 남편과 나는 점점 절망했다.

어느 날 한밤중에 깬 아이가 느닷없이 "엄마, 나 죽어요?" 하고 물어봐 너무 당황했다. 나도 모르게 누가 그랬냐며 반문했다. "교회에서 예배 보러 와서 나 살게 해달라고 기도했잖아요." 하는데 가슴이 무너지는 것 같았다. 그 기도를 들으며 아이가 어떤 생각을 했던 것일까.

동욱이가 하나님의 품에 안긴 후 내 나이 오십이 넘어서 난 호스피스 자원봉사 교육을 받았다. 그때 나는 어린 아이에게는 부모가 호스피스라는 것을 배웠다. 교육을 받으며 간호사 엄마, 의사 아빠인 우리 부부는 동욱이에게 무식한 부모였음을 깨달았다. 밤중에 나에게 물었던 아이의 음성이 메아리쳐 올 때면 늘 슬프고 미안했다.

자식이 죽으면 가슴에 묻고 부모가 죽으면 산에 묻는다 했던가. 사십 년 전에 죽은 아들을 생각할 때면 열 살 미만의 아이가 고칠 수 없는 병에 걸릴 때는 예배와 기도를 드릴 때도 각별히 조심해야 한다는 것을 나는 너무 뒤늦게 깨달았다.

점점 커진 혹 때문에 머리를 가눌 수가 없어 두 번째 수술을 감행하였다. 수술 후에 잠시 동안은 예쁜 얼굴의 아들로 다시 돌아왔다. 우리를 다 알아보고 웃기도 하던 아이가 수술 후 3일째 되는 날 혼수상태가 되고 회복할 가망이 없어졌다. 간호사였기에 환자가 사망할 경우에는 병원에서 사후 처치 후 홑이불에 둘둘 말아서 시체실로 보내는 것을 늘 봐왔다. 나는 동욱이만은 그 차가운 시체실에 누일 수 없어 아이를 위하여 미리 실크로 수의를 만들고 이불도 만들어 미리 상자에 보관해 두었다.

아이가 떠난 후, 사후처치와 목욕을 시키고 수의를 입혀서 마지막 이별을 했다. 우리는 이렇게 해서 아이를 하나님 곁으로 떠나보냈으나 그 날 저녁에 집으로 돌아갈 수가 없었다. 아직 아이가 뛰쳐나와 우리를 맞이할 것 같은 집, 구석구석 아이의 숨결이 남아있는 집에 돌아갈 자신이 없었다. 어쩔 수 없이 하루를 밖에서 머무르고 다음 날 국제극장에서 하는 영화 〈러브스토리〉를 봤다. 꽤 슬픈 영화였음에도 눈물이 나오지 않았다.

집에 오니 딸아이가 "오빠는 왜 안 오느냐"며 물어보았다. 남편은 최대한 담담하게 그러나 떨리는 목소리로 "하늘나라로 갔어." 하고 대답했다. 당시 어린 딸은 그 말이 무슨 말인지 알 턱이 없었을 텐데도 그게 무슨 뜻인지 되묻지 않았다. 나는 당시 다시 묻지 않은 딸아이가 왜 그리 야속했는지 모르겠다.

사운드 오브 뮤직

남편을 닮아 영특하고 똘똘한 개구쟁이였던 동욱이는 어렸을 때부터 남다른 음감을 가지고 있었다. 한 번 들은 노래라도 잘 기억하고 따라 부를 만큼 음악을 좋아하는 아이였다. 음치인 나는 본래 음악을 그리 좋아하지 않았지만 남편을 따라 클래식에 심취하고 나서는 노래를 흥얼거리는 동욱이의 모습이 여간 예쁜 게 아니었다.

나는 지금까지도 종종 미술 관람이나 여행 등을 취미로 즐기곤 하는데, 이상하게도 극장에는 잘 가지 않게 된다. 남편과도 연애 시절 창경원이나 덕수궁 돌담길, 세브란스 병원 옆 숲길 등을 산책하는 것을 좋아하거나 카페에서 도란도란 이야기하는 것을 좋아했지 요새 젊은 연인들처럼 극장에서 영화

보는 취미는 없었던 것 같다.

그런 내게도 몇 편의 기억나는 영화가 있다. 1960년대 중반엔가 개봉했던 〈사운드 오브 뮤직〉 영화가 그렇다.

동욱이가 걸음을 걷고 난 후부터 나는 마실을 다닐 때마다 아들을 동행한 적이 왕왕 있었다. 그럴 때면 맛있는 음식점에 아들이 좋아하는 음식을 함께 먹기도 하고 잠시나마 거리를 산책하기도 했다. 어느 하루 동욱이와 극장을 가게 되었는데 그때 함께 본 영화가 바로 〈사운드 오브 뮤직〉이다.

영화의 주된 줄거리는 수습 수녀 마리아와 퇴역 대령인 트랩의 사랑이지만 뮤지컬 영화답게 멜로디가 먼저 기억에 남는 영화다. 당시 동욱이는 학교에 가기 전인 꽤 어린 나이였음에도 이 영화를 본 후 영화에 나왔던 노래를 그대로 따라 했다. 발맞추어 걷는 아이의 걸음걸음마다 음률이 덧입혀지는 모습이 무척이나 사랑스러웠었다.

지금도 가끔 듣게 되는 영화의 주제곡이 귓가에 스칠 때면 명랑한 웃음소리로 노래를 읊조리던 동욱이의 모습이 생각난다.

사라진 거울

지금은 외동딸이지만 동욱이가 있을 때까지도 우리의 막내딸이었던 수진이는 개구쟁이인 동욱이와는 달리 어린 아이가 어찌 저리 생각이 깊을까 싶을 정도로 어릴 적부터 의젓하고 참했다. 아이가 의젓하다야 얼마나 그럴까 싶겠지만 내 기억 속에는 아직도 잊을 수 없는 일화가 하나 자리 잡고 있다.

때는 동욱이가 한창 뇌종양으로 힘들어하던 때였다. 한쪽 머리가 점점 부풀어 올랐던 동욱이는 잘생겼던 얼굴이 온데간데없이 사라지고 남들이 보면 먼저 겁부터 낼 만큼 얼굴이 일그러져 있었다. 나부터도 예쁜 아이의 얼굴이 어찌 저리 변할까 싶게 슬프고 힘겨운 날들이었다. 철없는 아이들은 동욱이의 얼굴을 보면 놀리거나 무서워할 만큼 날로 변해가던 때

투병 때의 동욱과 수진

였다.

그런데 수진이는 달랐다. 아파서 밖에 나가 놀지 못하는 오빠 곁을 지키며 집안에서 늘 함께 놀아주기도 하고, 내가 잠시 집을 비울 때면 그 고사리 같은 손으로 동욱이를 잘 보살펴 주곤 했다.

차도가 없이 동욱이의 병세가 악화되던 어느 날 집에 도착해 보니 얼굴을 비춰볼 수 있는 집안의 모든 거울이 사라지고 없는 것이었다. 무슨 일인가 싶어 이리저리 뒤져 보니 손거울이 모두 서랍에 숨겨져 있었다.

그때 수진이가 다가와서는 "오빠가 자기 얼굴 보면 많이 힘드니까 거울을 감추었어."라는 것이었다.

나도 생각하지 못했던 것을 그 어린 수진이가 생각했던 것이다. 어린 오빠를 위해 더 어린 동생이 배려했던 그날의 행동을 가끔 떠올릴 때면 괜스레 미안하고 부끄러워진다.

사랑하는 딸에게 1

엄마가 머물고 있는 방은 정면으로 스키 슬로프가 바라다 보이는 용평의 아름다움을 한눈에 볼 수 있는 방이다. 언제나 보아도 아름다운 용평의 설경을 만끽하며 너의 아빠를 생각하면서 잘 지낸다. 처음 며칠은 운동량이 부족한 몸으로 갑자기 스키를 많이 타서 체력이 모자라 병이 났었단다. 이제는 몸도 말을 잘 듣고 스키도 작년만큼 타고 다리에 힘도 많이 길러졌단다.

수진아! 모든 것이 잘 갖추어져 있고 또 젊음이 너와 함께할 때 열심히 살기 바란다. 엄마의 지나온 삶을 돌이켜보면 나의 생애에서 가장 성공적인 것은 너의 아빠를 나의 생의 동반자로 만나게 된 것이다. 너의 아빠를 선택했고, 선택한 것에 늘

딸의 스무해 성년 축하파티

하나님께 감사하면서 또 자랑스럽기도 하단다.

사랑도 인내와 노력으로 이루어진다는 것을 명심해주길 바란다. 여자의 인생은 남편에게 달려 있단다. 너도 이제는 많이 자라서 잘 아는 나이가 되었다고 생각한다. 슬픔도 기쁨도 고통도 함께 인내로 사랑으로 승화시켜 나아갈 수 있는 너의 짝이 발견되도록 같이 노력하고 하나님께 기도하자.

어느 누구를 만난다 해도 서로 남남이 만나서 짝을 이루어 행복을 찾는 데에는 너의 노력 없이는 결코 도달할 수 없다는 것을 엄마의 지나온 삶을 통하여 너에게 비추어졌으면 하길 바란다. 인생의 반려자를 택함에 있어 여러 사람의 칭찬을 받는 사람은 그 사람 속에 좋은 그 무엇이 반드시 있다는 것을 인식하기 바란다. 너의 아빠도 여러 사람들의 존경과 칭찬의 대상이 되고 있음을 잘 알고 있겠지.

수진아! 외모보다 진실하고 책임감 강하고, 능력 있고 또 상대방을 아끼는 마음, 항상 상대편의 입장에서 이해하려는 성품을 지닌 사람이 가장 훌륭하다고 말하고 싶다. 무엇보다도 네가 사랑할 수 있는 사람이어야겠지.

어느새 우리 딸이 이렇게 빨리 자라서 엄마가 이런 편지를 쓰게 되었는지 대견하면서도 마음 한구석에 아련히 피어오르는 슬픔은 무엇인지 모르겠구나. 엄마는 자기의 인생이 곧 네 아빠의 삶이었고, 그렇게 살아온 것이 늘 행복과 기쁨이었다.

하나님께 선물로 받은 오빠와 너, 하지만 우리는 사랑하는 오빠를 잃는 슬픔을 겪었으나 참으로 인내와 사랑으로 서로 상처를 노력하면서 잘 견디었고, 너의 존재가 아빠와 엄마의 행복한 이정표가 되어주었다. 너를 향한 엄마의 마음은 항상 너를 믿으며 자랑스럽게 또 의젓하게 모든 일을 해나가며 아름다운 숙녀로 성장하기 바라는 것이 너무나 큰 나의 바람일까?

유치원에 다닐 때 철없이 극성을 피우던 너, 반포초등학교 다닐 때 너무 귀엽고 예쁘던 너, 중학교 다닐 때 너의 긴 머리를 땋아주며 예쁘게 바르게 아름답게 자라주기를 엄마는 소망했었다. 그리고 늘 기도했단다.

수진아! 하나님을 늘 생각하며 너에게 주어진 풍요함을 감사하고 겸손하며, 무엇이 먼저이고 나중인가를 잘 생각해보는 딸로 성장하길 바란다. 아름다운 숙녀로 말이다.

이다음 언젠가 너 역시도 너의 딸에게 지금 나의 마음을 고스란히 느끼며 이 말들을 전해주면 좋겠구나.

1988년 2월, 아름다운 용평의 겨울 한가운데에서 엄마가 쓴다.

사랑하는 딸에게 2

하나님께서 주신 최고의 선물인 사랑하는 딸 수진아!

아빠 생일에 네게 받은 메시지는 우리 생애의 최고의 선물이었단다.

'나아주셔서 감사합니다. 길러주셔서 감사합니다. 좋은 부모 되어 주셔서 감사합니다. 그리고 사랑해주셔서 감사합니다. 사랑합니다.'

이 메시지를 받는 순간 잔잔한 감동과 함께 엄마는 눈시울이 뜨거워졌다. 네가 고등학교 다닐 무렵 학기말 시험 때 도서실에서 공책과 옷을 잃어버린 적이 있었지? 어디 갈 때면 늘 우리 차로 함께 데려가고 왔던 너의 친구가 다른 친구에게 "수진이 잃어버린 노트 찾았니?" 하고 물을 때 못 찾았다고 하니

딸 수진의 생일잔치

까 "쌤통이다."라고 말했다고 엄마에게 말한 적이 있었지. 그 말을 듣고 흥분한 엄마에게 너는 오히려 밉지 않은 외모, 좋은 부모와 좋은 환경, 나쁘지 않은 성적 등 그 친구가 너를 샘낼 만한 모든 여건을 갖게 해주신 하나님의 축복에 감사한다고 말했었다. 너의 말을 듣고 흥분했었던 내가 너무 부끄러웠다.

교대 부속 초등학교에 다닐 때 부모님이 쌀장사 하는 친구 집에 생일 초대받아 갔다 와서는 "엄마처럼 음식을 신식으로 차리시지는 않았지만 딸 친구들에게 정성을 다하시는 그 어머니를 보니 친구의 집이 부자는 아니지만 행복해 보이더라."

며 나에게 말한 적이 있었다. 그 말을 듣고 우리 딸이 꽤 잘 자라주는구나 하고 생각했단다.

엄마의 기억 속에 너는 친구들과 크게 다투며 자라지 않았단다. 친구들에게 억울한 일을 당하더라도 따지거나 싸움하지 않고 참는다고 했다. 그래서 내가 그러면 친구들이 너를 바보라고 생각하지 않겠냐고 물으니 싸움을 할 때 빨리 말할 수도 소리 지를 수도 없어 싸움을 하면 질 것이 뻔해 그냥 참는다던 너의 말이 생각나는구나. 옛 어른들이 말씀하시기를 아이가 자라 어른이 된다는 말을 너를 보면서 한 번 더 깨닫게 되었단다.

엄마에게 심하게 야단맞고 방으로 들어가면 슬그머니 걱정이 되어 따라 들어가 보면 성경 잠언서를 읽고 있는 것을 보고 안심하곤 했다. 결혼 적령기가 되었을 때 형제도 없이 저 하나 기른 부모에게 자신의 배우자 선택의 기회를 드려 나도 좋은 사람, 부모도 원하는 사람과 결혼하겠다고 말했던 속 깊은 너에게 고마워했었다. 예쁜 손자손녀를 안겨주는 기쁨을 준 너에게 감사한다.

한 마음으로 주님을 섬기는 가정을 이끌며 남편을 위한 기도의 아내, 자녀에게 믿음의 흉배를 입혀서 아름다운 주의 자녀로 키우는 지혜롭고 성실한 딸아, 네가 자랑스럽다. 불혹의 나이 사십이면 세상의 이치를 아는 나이라 하더라. 어느덧 네가 우리 든든한 버팀목이 되어 힘들 때 믿음과 위로가 되어주고 고맙다.

오월은 가정의 달 모든 만물이 솟아나 풍성한 계절로 향해 달리듯이 너와 너의 남편, 너의 아이들 모두가 하나님이 보시기에 아름다운 사람, 자기 자신이 볼 때에도 아주 괜찮은 사람, 안 믿는 이웃에게도 예수 믿는 사람으로 불리기를 기도하마. 너의 가정에 주님의 평강의 축복이 임하기를 기도한다. 2005년 어린이날에 즈음하여 우리가 받은 최고의 선물 수진에게 엄마가 쓴다.

손녀딸의 기도
1999년 2월 어느 날의 일기

나는 어른이 되지 못한 아들 하나와 딸 하나가 있다. 나는 남편과 사랑으로 결혼했고 가난했던 젊은 시절이 있었으나 늘 서로를 아끼며 살아왔다. 아들은 그 아이가 초등학교 일 학년 때 잃었다. 그때는 하나님을 원망했고 또 '내가 무슨 죄를 지었기에 나의 아들에게 고칠 수 없는 병을 하나님께서 걸리게 하셨을까 하고' 자책도 많이 했다.

신앙의 형제들이 하나 남은 우리 딸을 위해 성경에 나오는 에스더 같은 신앙의 딸로 자라기를 기도해주셨다. 그 딸이 어언 삼십 중반에 접어들었고, 초등학교 3학년 아들 하나와 1학년 딸을 가진 어미가 되었다. 내 딸은 어렸을 때 "나는 결혼하면 엄마 아빠 옆 동네에 살 거야. 엄마는 빨간 잠바, 아빠는 파

딸의 가족과 푸켓여행

란 잠바를 입고 두 손잡고 산책하시고, 우리 집에 오셔서 커피도 같이 마실 거야." 하고 늘 말했다. 너그러운 사돈댁을 만나서 그 꿈이 이루어졌다.

손자손녀도 신앙 안에서 키우려고 아침에 큐티를, 자기 전에는 아이들과 함께 하루를 반성하는 기도를 하는 딸이 기특하고 대견스러웠다. 어제는 딸네 집에 가서 점심을 함께 먹었는데 손녀가 자기가 기도를 하겠다고 했다. "하나님 아버지, 맛있는 음식을 주셔서 감사합니다. 이 음식 먹고 잘 자라서 다른 사람에게 도움을 줄 수 있는 사람이 될 수 있게 해주세요."

라고 기도한다.

각박한 세상에 남에게 도움이 될 수 있는 사람이 되겠다는 어린 손녀의 기도를 듣고, 이렇게 손녀를 잘 키운 나의 딸에게 칭찬해주고 싶고 하나님께 감사드렸다.

고마운 의자

1999년 9월, 나는 남편 환갑에 함께한 평생 잊을 수 없는 여행을 기억한다. 남편과 나는 둘만의 추억을 만들고 싶어 에든버러 축제에 맞추어 여행을 떠났다. 우리가 머물었던 호텔은 중심가에서 십 분 정도 떨어져 있었다.

관광안내센터로 가는 도중에 조그마한 교회가 하나 있고, 그 앞에 나무 의자가 하나 있었다. 어디에서나 볼 수 있는 평범한 의자였다. 의자 등받이에 조그만 구릿빛 팻말이 하나 붙어 있었다. 그곳에서 '나의 부모를 기억하기 위하여'라고 쓰인 글귀를 발견했다. 나는 그 글귀를 읽는 순간 감동했다. 나의 자식들이 나를 좋은 곳에 묻어주기보다는 부모를 잊지 않기 위하여 기증한 의자를 보는 순간 '그 자녀들은 어떤 사람들일까?'라는 생각이 들었다.

멀리서 환갑을 기념하기 위하여 여행 온 우리들의 오고 가는 쉼터가 되어준 의자에게 감사했다. 가끔 산책로에서 의자를 볼 때마다 에든버러의 고마운 의자가 생각난다. 나는 살아가는 동안 나의 이웃에게 어떤 좋은 의자가 될 수 있을까?

나는 자동차를 팔았다

늘 겁이 많고 운동신경이 없는 나는 몸으로 하는 춤, 구기운동 등은 도전조차 하지 않았다. 그러다가 마흔여덟 살에 스키장에서 개인레슨을 받고 스키를 타게 되었다. 너무나 재미있어 겨울이면 용평에서 한 달을 머문 적도 있었다.

운전하는 아낙네를 보면 존경심이 저절로 생겼다. 스키를 탈 수 있다 보니 몸으로도 스피디하게 달리는데 기계로 하는 운전도 할 수 있다 싶어 도전하게 되었다. 세 번의 실기 시험을 거쳐 겨우 운전면허를 취득했다. 우리 운전기사에게 한 달간의 서울시내 운전, 삼일 동안의 고가도로 북악스카이웨이 연습, 비올 때 근교의 산업도로 연습 등을 시행한 끝에 그럭저럭 운전을 할 수 있게 되었다.

그 무렵 남편은 운영하던 개인 병원을 접고 대학병원에 다시 스카우트되어 갔다. 산부인과 의사였던 그가 밤에 분만이 있을 때면 겨울에는 담요를 가져가 그이의 일이 끝날 때까지 나는 차에서 기다렸고 출퇴근 7년 동안 톡톡히 운전기사 역할을 했다.

오가는 차에서 음악도 듣고 사계절 변하는 바깥 풍경도 보고 서로 늙어가는 모습도 지켜봤다. 하루는 라디오에서 할아버지의 독백이 흘러나왔다. '아내가 아직 내 곁에 있는 남편들이여. 아내가 떠나니 무덤에 찾아가 늘 잘못한 것 같아 이럴걸 저럴걸 그저 못해준 것만 생각이 나 후회하지 말고 있을 때 잘하라.'는 내용이었다. 나는 남편에게 "나 먼저 죽으면 다음날이라도 결혼해도 돼요. 허락해줄게요."라고 말했다. 자기 일 외에는 일상생활 아무것도 할 줄 모르는 남편이 혼자 살면 너무 불쌍할 것 같았다. 살아있는 동안 내게 넘치는 사랑을 준 남편이 추하게 사는 것은 싫기 때문이라고 말하기도 했다.

처음 운전할 때 너무 재미있어 모임이 끝나면 친구들에게 데려다 준다고 자청하기도 했고, 또 젊으면 아우토반을 운전하고 싶다고 했던 나이다. 처음 운전 연습할 때 동승해주었던 도균 엄마가 갑자기 보고 싶어진다.

지나간 삶의 시간 속에서 많은 사람들이 내 곁을 떠나갔다.

나는 내 자동차를 팔았다. 내 자동차가 나를 떠나던 날 생각보다 그리 섭섭하지 않았다. 오 년 동안 주차장에 많은 시간을 세워놓고 돌보지 못했던 내 자동차가 정을 떼고 간 걸까.

제4장

겨울처럼 매서운 사랑

한국전쟁과 피난길

몇 발의 총성이 울렸다. 1950년 6월 25일 새벽. 6.25 사변 전쟁의 시작이었다. 어머니는 아버지의 국회의원 출마를 도우러 용인에 있는 집으로 이사 가셨고, 나는 서울 작은 아버지의 집에서 초등학교에 다니고 있었다. 23일 아침, 아버지가 전쟁 만화책을 사가지고 오셨다. "승자야, 나 며칠 지방에 다녀올게. 이 만화책 보고 있어라." 하셨다. 갑자기 닥친 전쟁에 당황한 작은어머니는 우리 건물 사환으로 근무하면서 야간 고등학교에 다니는 할머니 당질에게 나를 어머니에게 데려다 주기를 부탁했고 나는 아저씨 자전거 뒷좌석에 매달려 갔다.

인도교가 폭파 중이라는 소리에 우리는 마포나루로 갔다. 마포철교 앞에 다다르니 총상을 입은 국군아저씨들이 여기저기 쓰러져 있었다. 피난보따리를 들고 인산인해를 이루었고 우왕좌왕했다. 멀리 보이는 인도교는 아직도 폭파 중이었다.

무사히 철교를 건넌 후 안양에 있는 큰 이모댁에 들러 요기도 하고 쉬었다. 다음날 해가 저물어 용인에 도착하니 집은 비워져 있었고 어머니는 근처로 피신해 계셨다. 나를 보신 어머니께서 반갑기도 하고 안심이 되신다며 눈물을 흘리셨다.

서울아이 옷차림으로 온 내가 주목받을까 봐 어머니는 급히 검은 깡뚱(짧은)치마와 누런 광당포 적삼을 만드셔서 입혀 주셨고 머리는 촌년처럼 깎아주셨다. 이틀 후 반동분자 1호인 우리 가족에게 사람들은 이곳이 너무 노출되어 위험하다면서 빨리 피하라고 말해주었다. 흑석동 작은할아버지께서 우리의 피난 보따리를 등짐지시고 안내하고, 그 뒤를 엄마와 돌 지난 동생을 업은 일하는 언니 그리고 나와 나를 엄마에게 데려다 준 안성 아저씨 댁으로 피난길에 올랐다.

나는 아직도 그때의 피난길이 생생하게 떠오른다. 전쟁을 겪지 않은 우리의 다음 세대들은 아마도 짐작할 수 없는 두려움과 공포가 엄습했던 그 시간은 육십여 년이 지난 지금까지도 어제 일과 같이 남아있다.

지금도 폭파 중인 인도교를 바라보며 건너던 일이 생각난다. 당시 나는 철교의 침목을 하나 둘 속으로 세면서 걸었는데, 이상하게도 밑에 보이는 한강물이 무섭지 않고 포근하게 느껴졌다. 그러나 강물을 지나고 새하얀 모래가 햇빛에 눈부시게 내 눈에 비칠 때 갑자기 무서워졌던 기억이 아직도 선명하게 남아 전쟁의 무서움을 고스란히 전해준다.

암울했던 나의 대학 신입생 시절

1958년 나는 연세대학교 간호과대학 일학년생이 되었다. 무시험이라고 해서 원서 한 번 넣어본 것이 덜컥 붙고 말았다. 대가에서 자라신 우리 어머니는 "내 딸이 간호부라니." 하고 반대가 심하셨다. 아버지는 앞으로 이 세상은 기술과 외국어 실력이 중요해진다고 말씀하시며 나를 응원해주셨다. 나는 또 시험을 보기가 싫어 '이왕 붙었는데 가야지.' 하며 간호사의 길을 걷게 되었다. 공부하다 보니 나에게 너무나 잘 맞는 직업이라는 것을 알게 되었다.

내가 입학하던 해는 아버지가 두 번째 국회의원 선거에서 낙선하신 후에는 끼니거리를 걱정해야 할 만큼 가정상황이 어려운 처지였다. 어머니는 선거구에 가 계셨고, 나는 서모 집

대학 졸업식

에서 학교를 다녔다. 이복동생이 여섯 명, 나까지 일곱 명이 좁은 집에 같이 살아 아수라장이 따로 없었다. 어쩌다 사과라도 한 상자 사면 각자 봉지에 조금씩 공평하게 나누어주곤 했다. 많은 빨래, 아이들 돌보기로 집은 항상 북적거렸다. 내가 어렸을 때 대학에 간다면 원하는 것을 모두 다 할 수 있겠다며 부러워하던 동네 언니들의 말들은 공허하게 메아리 쳐올 뿐이었다. 아버지가 겨우 등록금만 마련해주셔서 학교는 다닐 수 있었지만, 나는 경기여고 교복에 흰 칼라만 때어버리고 대학 일 년의 반을 보냈다.

여름이 될 무렵, 아버지가 힘든 상황에서도 구두 한 켤레와 원피스 한 벌을 사주셨다. 우리 집 주변에는 아동복을 만드는 가내공장이 있었다. 나는 하교 후 이곳에서 아르바이트를 하여 용돈을 마련했다. 로켓 편물기에서 앞판, 뒤판, 소매, 시접 등이 뚝뚝 떨어져 나오면 이를 잘 맞추어 꿰매서 옷을 만들고 수를 놓았다. 한 벌 만드는 데 150원이었고, 휴일까지 열심히 한 달을 일해도 많아야 1,600원 벌기가 힘들었다. 오직 이 일에 매달려 생계를 이어가는 사람이 한 달에 3,000원 정도 벌 수 있었다. 대학 졸업하고 간호사로 취직하면 초봉이 4,200원이었는데, 일주일에 하루 쉬고 6일 동안 48시간 일해야 벌 수 있었다. 이 일들은 내가 자립할 수 있는 능력이 배움이라는 것을 절실히 깨닫게 하는 계기가 되었다. 어려움을 경험한 힘든 시기는 내가 오늘까지 살아오는데 좋은 조언자였고 또한 교훈이기도 했다.

내가 초등학교 다닐 때처럼 이발소에 갈 때도 운전기사와 집에 상주하는 순경이 데리고 갔고 명동의 고급 양장점에서 옷 맞추어 입고 최고의 식당에서 식사를 하며 자랐다면, 지금 어떤 사람이 되었을까 하고 가끔 생각해보기도 한다. 매 순간 감사하는 마음으로 드라마 〈울밑에서 봉선화〉처럼 힘들었던 시집살이를 잘 참아낼 수 있었을까, 병들고 어려운 사람을 볼 때, 이들을 도와주고 싶은 마음이 나에게 생겼을까 하고 말이다. 힘들고 적응하기 어려웠던 대학 시절은 나를 성숙하게 만들었고 살면서 그때가 있기에 오늘에 내가 있음을 감사한다.

열 번 전세방을 전전하다

우리가 결혼했던 1963년 무렵, 그때는 하루를 자고나면 전셋값이 오르던 시절이었다.

처음에는 시댁과 함께 살다가, 그때는 시댁도 가난했기 때문에 방 두 칸짜리 집에서 우리가 한 칸을 쓰고 시댁이 한 칸을 쓰며 살았다. 시댁에서 분가한 이후에는 방 한 칸짜리 집에 살게 되었다. 지금 생각해보면 메이드룸이었다. 부엌을 통해 들어가는 조그마한 방이었는데, 그 당시가 내가 딸을 낳았을 때였다. 네 식구가 함께 자기에도 너무나도 좁은 방이었고, 한 쪽은 옆집 담이 막혀서 창이 있지만 햇빛이 들어오지 않는 방이었다. 아기를 낳으니까 그 작은 방에서 자고, 부엌을 통해 들어가고, 우리 장은 안집에 일하는 아이의 방에 놔두었는데,

그곳에서 입을 옷을 꺼내다 입고는 했다.

그 당시에는 찬장이라는 것이, 지금에 와서 생각해보면 너무나도 웃긴 모양이었다. 궤짝 같은 모양이었는데, 미닫이 형태의 위쪽에 문 두 개가 달렸고 그 밑에는 조그마한 서랍을 넣는 공간이 있었다. 그 당시에는 찬장을 살 돈이 없어 내가 직접 사과 궤짝에 장판지를 깔고 천으로 커튼을 쳐서 그릇 등을 넣어놓고 살았다.

당시의 남편은 세브란스에서 레지던트를 하던 시절인데 그 당시에 남편은 꽤 인정을 받았다. 환자들이 나갈 때마다 감사하다고 촌지를 준 것을 조금씩 모아 선배언니의 집으로 이사하게 되었다. 그 언니의 딸과 우리 아들의 나이가 거의 비슷해서 선배 언니가 출근하고 난 뒤에 매일 아이들이 싸움을 하는 등 사이좋게 지내지를 못하니 하는 수 없이 집을 나가달라는 이야기를 들었다. 그때가 우리 딸을 낳은 지 한 달 무렵이었다. 우리 딸을 업고 집을 구하러 다니다가 딸이 병이 났다. 그 시리고 서러운 생각이 지금도 안 잊힌다.

그곳에서 나온 후 조금 넓은 방을 구해 이사하게 되었다. 그때는 아파트가 없던 시절이라 집들이 귀했기 때문에 옛날 가옥에 마당이 있으면 화장실은 다 같이 쓰는 구조였다. 부엌 한 칸 방 한 칸 붙여서 지은 창문이 조금 있는 방에 살게 되었다.

이후에도 자꾸만 집값이 올라 또다시 전전하며 이사를 다니다가 우리 남편이 1967년에 미국연수를 하러 가는 바람에 나는 결국 아이 둘을 데리고 친정으로 들어가게 되었다. 어머니와 동생과 함께 살다가 남편이 돌아올 때쯤 화가 천경자 씨의 올케네 집에 있던 두 칸짜리 방이 있는 집으로 이사를 가게 되었다.

친정어머니와 함께 이사를 가게 되었는데 두 칸 중 큰 방은 겨울에 물이 들어와서 방에 불을 뗄 수가 없었다. 남편이 없던 때라 조그마한 방에서 아이들 둘과 친정어머니와 친정 동생과 나까지 이렇게 거기서 살았다.

그렇게 지내던 중 드디어 남편이 미국에서 돌아왔다. 그때 우리 수중에는 돈이 없어 남편의 은사이신 미국 로빈슨(Robinson) 선생님께서 삼 년 동안 무이자로 돈을 빌려주셨다. 그분은 선교사이자 의사선생님이셨는데 우리 남편을 아들처럼 진심으로 각별히 사랑해주셨다 한다.

남편이 돌아왔을 때, 우리 가족이 다시 미국으로 이민을 와야지 도저히 한국에서는 집도 없고 살 수가 없다고 선생님께 말씀드렸다 한다. 그때 선생님께서 돈 30만 원을 빌려주신 것이다. 그래서 주택공사에서 두 번째로 지은 동교동 '연희아파트'에 입주하게 되었다. 연탄 아파트였지만 열한 평짜리, 방

두 칸에 한쪽에는 화장실 겸 빨래할 수 있는 공간이 있고 한쪽은 조그마한 부엌이 있는 것을 우리가 장만하게 되었다. 그 당시 집값이 70만 원이었는데, 우리의 전셋돈과 로빈슨 선생님께서 도와주신 돈을 합쳐 그 집에 들어갈 수 있었다. 이러저러 우여곡절 끝에 마련한 첫 번째 집이었던 것이다.

그 전에는 차도 못 올라가던 산꼭대기에 있는 집에 살다가 동교동 연희아파트로 이사 갔을 때의 기쁨은 이루 말로 할 수 없었다. 결혼을 해서 바닥도 똑바로 되고 벽도 똑바로 된 집은 처음 살아보는 것이었고, 우리들만의 공간이 있는 것은 처음이어서 내가 벽도 만져보고 바닥도 만져보고 남편에게 너무 좋다고 했던 것이 생각이 난다.

그런 힘든 과정을 거쳐서 살아왔지만, 지금의 많은 젊은이들이나 우리 아이들은 아마도 그런 과정을 모른 채 살아갈 듯 싶다.

첫 번째로 마련한 보금자리였으나 그곳 연희아파트에서 우리는 아들 동욱이를 하나님 품으로 보내는 아픔을 겪었다. 그래서 그 이후 그 아파트에서 살 수가 없었다. 한강 맨션에 27평짜리 민영아파트로 전세를 갔다가 반포 아파트 1차 분양에 좋은 조건으로 이사 가게 되었다. 32평짜리 아파는 그 이전 살던 집들과는 차원이 다른 집이었다. 얼마나 넓은지 '세상에 내가 이런 집에서 다 살 수 있구나.' 하며 너무나도 행복했다. 하지만 우리가 그곳으로 옮긴 후 돈이 너무나 없어서 딴 사람들은 베란다에 알루미늄 새시를 하는데도 우리 집은 그것을 하지 못한 채 기거를 했다.

입주한 뒤 몇 달이 지난 후 5층에 있는 우리 딸 친구 엄마가 그 집도 굉장히 겨우 어렵게 집을 샀는데 그 집하고 우리 집만 돈이 없어 알루미늄 새시를 하지 못한 것을 알고는 한 가지 묘안을 제안했다. 그 집은 조선호텔에서 여행사를 했는데, 그 까닭에 그 엄마는 외국 사람들이 월부라는 것을 알고 있었다. 석 달에 걸쳐 돈을 내면 안 되겠냐고 자기가 말해보았더니 두 집이면 해준다고 해서 우리 집과 함께 알루미늄 새시를 하게 되었다.

우리가 이사 갔을 때 싱크대가 없었으므로 그때 같이 싱크대도 하게 되었다. 나는 생전에 남한테 돈을 꾸고 살아보지 않았는데 싱크대를 설치하고 나니 30만 원이라는 빚을 지게 되었다. 너무 불안한 마음에 잠시 취직을 해서 동양고등학교에 양호교사로 있다가 종로에 있는 최규식 내과(지금의 혜정병원)에 수간호사로 2년쯤 다니면서 그 빚을 다 갚았다. 그 이후로는 내가 다시 일을 하지 않았지만 그 일을 계기로 나에게 좋은 영향을 끼친 것뿐만 아니라 남을 생각하고 배려하는 마음이 생겼다.

만약 옛날처럼 우리 집이 부잣집이어서 어렸을 때부터 자가용 타고 다니면서 시집갈 때까지 그랬더라면 내가 지금 남을 생각하는 마음을 가질 수 있었을까. 내가 살아온 것은 힘들었지만 그런 과정을 거쳐 살아오게 된 것에 항상 감사하는 마음을 품게 되었다.

훗날 딸을 키우면서 이런 이야기들을 나누었기 때문에 딸 수진이는 비록 고생을 직접 겪지는 않고 자랐지만, 자기 친구들의 집이 부도가 나거나 어려움을 겪을 때 아무도 모르게 도와주는 것들을 실천했다. 그런 딸아이의 모습을 보면서 부모의 교육이 중요하다는 것을 깨달았다. 또한 우리가 살면서 항상 나보다 안 된 사람들을 도와주는 것이 내 삶에 기쁨이 될 수 있다는 것을 느꼈다.

요즘 드라마를 볼 때마다 있는 사람이 더 가지려 하고 권모술수를 부려 남을 해치려는 모습들을 보며 인생을 저렇게 살고 싶을까 하는 생각을 가끔 하곤 한다.

이민을 막으신 하나님

나와 남편은 점점 늙고 힘들어지는 일과 직장 그리고 교회, 신앙에 대한 회의로 형제들에 대한 불신, 늙은 어머니의 사랑 없음과 점점 더 아집과 이기심의 절정에 찬 어머니를 볼 때 또한 사회적으로 도덕이 결여됨과 부패 이기심으로 뭉친 금전만능한 이 세상에서 도피하고 싶어서 1996년 12월에 캐나다 이민을 결정하고 수속하고 1997년 6월 20일 캐나다 대사관에서 인터뷰를 하게 되어 있었다.

늘 나의 머릿속에는 마음에서 니느웨로 가라고 하신 주의 말씀을 거역하고 다시스로 가는 요나의 모습이 우리들의 모습이 아닌가 하고 괴로워했다.

형제도, 어머니도, 이 대한민국도, 우리들의 교회인 남교회도 떠나 둘이 조용히 살고 싶었다. 특히 다리도 떨리고 모든 것을 수시로 잊는 남편을 볼 때마다 이 험악한 세상에서 점점 용기를 잃으며 사라지고 싶었다. 그러나 하나님께서는 교묘하게 인터뷰하러 가는 시간과 남편의 수술 시간을 함께하셔서 이민을 스스로 포기하게 하시며 결국 이것이 주의 뜻이며 인도하시는 길임을 깨닫게 하셨다. 또한 남교회를 섬기며 또 모든 고난을 수용하고 주만 신뢰하며 감사하고 살아가는 것이 주를 기쁘시게 하는 길임을 알게 하셨다.

하나님께서는 믿는다는 것을 통해 평강을 누리며 그 가운데 살아가는 주의 백성임을 확인시켜 주신다. 이렇게 하여 꿈과 상상 속에 캐나다 이민은 끝을 맺었으며 우리나라에서 모든 것을 적응하며 사는 것이 마땅하다고 생각하며 승복하고 여생을 평강 속에 살기를 주께 기도했었다.

나의 어머니

쪽빛으로 물들인 세모시 치마저고리를 입었던 가냘픈 몸매에 키가 적당히 크시고 아름다운 용모의 미인이셨던 나의 어머니. 그녀는 평생토록 아버지에게 소박맞고 슬프게 이 세상을 살다 가셨다. 어머니는 딸들인 나와 동생에게 교육의 중요성을 강조하셨으며 항상 평생에 사랑할 수 있는 짝을 주시기를 하나님께 간구하셨으며 그 기도를 응답받으셨다.

어머니는 나와 동생을 항상 사랑하셨기에 60세를 넘기면서부터 안정된 생활로 들어선 우리들을 보시면서 하나님께 감사드리셨다. 핵가족으로 사는 우리 자매에게 늙어서 누를 끼칠까 봐 오늘 저녁에라도 자는 것같이 주님이 부르시기를 기도드리셨다. 그 기도가 이루어져 어느 날 아침 갑자기 심장마

친정어머니

비로 돌아가셨다.

보험 아주머니가 보험료를 받으러 오면 점심을 꼭 챙겨 먹이면서 이집 저집 다니다가 끼니 거른다고 꼭 점심을 챙겨주시던 이웃에 대한 따뜻한 마음을 지니셨다. 내가 옷을 해드리겠다고 하면 "그 옷 해줄 돈 나에게 주련." 하시며 아버지 없는 조카들에게 연탄이라도 사주어 따뜻한 겨울을 보내게 하는 것이 더 기쁘다던 어머니! 시어머님이 오시면 딸네 집에 있는 것이 미안하셔서 본인은 싫어하시나 시어머님 좋아하시는 생선 반찬을 챙기시던 나의 어머니셨다. 주기도문 중 "우리가 우리에게 죄진 자를 용서한 것처럼 우리의 죄를 용서하여 주옵소서."라는 구절을 주 앞에서 양심적으로 기도할 수 없다고 눈물을 흘리시던 나의 어머니! 나의 어머니!

가끔 나는 내가 생각하는 나의 어머니의 아름다운 추억이 나의 딸에게도 이처럼 비추어질 수 있기를 소망한다.

애증의 시어머니

이제는 어느 정도 잊을 때도 되었건만 여전히 불편한 마음이 고스란히 남아있는 것은 왜일까. 시어머니 그분을 생각할 때면 매서웠던 나의 시집살이와 자식들에게 악다구니를 일삼았던 어머니 같지 않던 그 모습이 머릿속을 가득 채우고 있다.

없는 신혼살림에 어머니와 줄줄이 딸린 시댁식구들까지 방 두 칸 딸린 집에서 복작복작 살아내야 했던 그때, 시어머니가 한 번이라도 내게 따뜻한 말씀을 해주셨더라면 그 시절이 그리 매섭게 느껴지지 않진 않았을까.

동욱이를 가져 입덧이 한창 심할 때, 사과 한 쪽이 먹고 싶어 남편에게 부탁해 그이가 사과 한 알을 사온 적이 있다. 그런데 공교롭게도 시어머니에게 그 모습을 들키고 말았다. 당신의 손자를 가졌지만 아무것도 먹지 못해 비쩍 말라갔던 나를 뒤로하고 어머니는 그 사과 한쪽마저 빼앗아 가셨다.

만삭이 다된 내게 큰 밥상을 들고 툇돌 위를 오르내리며 힘든 집안일은 모두 내게 미루셨던 것 또한 가슴에 응어리로 맺혀 있다. 그러면서 추운 겨울 엄동설한에도 일하느라 문 여닫는 소리도 시끄럽다고 부엌문을 열고 찬물에 설거지를 하게 하셨다. 어쩌다가 연탄불이라도 꺼트리는 날에는 너무나도 무섭게 야단치시는 통에 집에서 멀리 떨어진 길가에 나가 몰래 다시 피우고 돌아오던 일이 다반사였다.

신혼 시절 그렇게 매운 시집살이를 삼 년 정도 지내고 남편이 전주 예수병원으로 잠시 내려가 있을 때 분가를 했다가 꽤 오랜 시간이 흘러 다시금 7년 정도를 모셔야 할 때가 있었다.

그때 어머니는 한 2년 동안은 잠잠히 지내시다가 서서히 본색을 다시 드러내기 시작하셨다. 남편 뒷바라지 하는 내게 아침저녁으로 식사 끼니를 챙기게 하셨고, 하지도 않은 일을 가지고 모함을 하시기가 일쑤였다.

아직까지도 가장 마음에 남아있는 아픈 기억은 동욱이와 관련된 일이었다.

"너는 아들 죽고도 참 잘 사네."

어느 날 어머님이 내게 건네신 이 모진 말 한마디가 나로 하

시어머니와 함께(시누이, 남편, 시어머니, 아들 동욱)

여금 더 이상 참을 수 없게 만들었다. 어떻게 다른 사람도 아닌, 자신의 친손자의 죽음을 저리 가벼이 표현하실 수 있는지 나는 도무지 이해할 수가 없었다. 그 후로는 시어머니의 신발도, 옷깃도 보기가 싫고 목소리조차 듣기가 싫었다.

나는 남편을 평생 동안 늘 사랑했지만, 딱 한 번 남편과의 이혼을 결심했던 적이 있다. 그게 바로 시어머니께서 동욱이에 관해 그리 말씀하신 일 다음이었다. 나는 남편에게 어머니와 함께 살 것인지 나를 택할 것인지 결정하라고 했다. 그 정도로 나는 시어머니가 미웠고, 살기 위해 남편과 분리할 수 있을 만큼 절박했다.

어머니! 어머니란 무엇일까? 아이들을 목숨보다 더 사랑하는 여자, 그것이 통상적인 어머니일 것이다. 또 있다. 마음이 따뜻한 여자, 희생을 숙명적으로 생각하는 여인일 게다.

나의 남편의 어머니!

맛있는 음식은 본인만 드시고 아들의 생일과 딸의 생일은 모른 척 지나치신 채 자기의 생일만 기억하고 대접받길 원하는 사람이었다. 손자가 죽을병에 걸려서 시한부 인생을 사는 때에 어른이 될 수 없는 아들을 가진 나에게도 생신 때 옷을 지어달라시어 시누들과 손에 손잡고 우리 집에서 생일상 차려 잡수시고 가던 여인이다. 어찌 그리 철저하게 자기만 위할 수 있을는지 나는 아직도 이해할 수가 없다.

이제는 시간이 많이 흘렀고, 내가 그분의 나이가 되어 노년을 맞이하고 있다. 그럼에도 나는 아직 그분을 마음속에서 편히 떠올릴 수가 없는 것을 보면 그분과 함께했던 시간들이 아직은 고스란히 매섭기 만한 추운 겨울로 자리 잡고 있나 보다.

제5장

그리고
또다시 움트는 사랑의 계절

노블카운티에 새 둥지를 틀다

현재 내가 거주하고 있는 곳은 용인에 위치한 노블카운티다. 남편과 나는 환갑을 막 지났을 무렵, 초창기 멤버로 이곳에 입주했다.

아침에 눈을 떠 창밖을 내다보면 산 뒤로 솟아오르는 태양의 숨결이 잿빛 하늘을 빨갛게 물들이고 더불어 보라색으로 변한 신갈 호수의 정경은 한 폭의 수채화와 같다. 6만여 땅 위에 만들어진 실버타운인 삼성 노블카운티는 도시와 전원이 잘 어울려진 이상적인 삶의 터전으로, 벌써 이곳에 거주한 지 십여 년이 훌쩍 지났다.

정문 앞 꽃으로 장식된 노블카운티 로고를 시작으로 길 양옆에 흐드러지게 핀 벚꽃 길을 가노라면 금방이라도 터질 것

노블카운티 앞에서

같은 영산홍 필 무렵 신록의 싱그러움과 장미 정원에는 향기가 진동한다. 연못에서는 치어를 거느린 오색의 비단잉어 떼가 새로운 계절의 시작을 예고한다. 노란 유채꽃이 만발한 오솔길 산책로에 적당한 간격으로 의자가 놓여 쉼을 얻으며 봄을 맞이할 수 있다. 푸르른 잔디광장 위에 우거진 나뭇잎 사이로 뿜어내는 연못 분수의 물줄기는 한여름을 시원하게 해주고, 형형색색으로 물든 가을 나무는 그 자태를 뽐내고 무리지어 핀 코스모스는 우리 맘을 설레게 한다. 넓은 정원에는 모과와 감이 주렁주렁 열려서 우리에게 수확의 즐거움을 대리만

족하게 한다. 눈이 시리도록 하얀 눈꽃은 계절의 쓸쓸함을 포근한 겨울로 맞이하게 한다.

난방이 잘되는 통로로 병원과 스포츠센터를 안전하게 오갈 수 있으며 밖이 잘 보이는 통로는 아름다운 계절 풍경을 감상할 수 있어 더욱 즐겁다. 남편이 와병 중일 때 폐렴, 골절, 대상포진 등 위험한 순간이 있을 때마다 의료진의 신속한 판단과 도움으로 건강을 회복할 수 있었고, 마지막 가는 길도 편안히 배웅할 수 있었다. 서울이든 분당이든 수시로 가까운 곳으로 쇼핑할 수 있는 교통편도 제공되어 불편을 느낄 새가 없으며, 텃밭에다 야채를 일구어 이웃과 나눠먹으며 무공해 김장을 담가 자녀에게 주는 기쁨도 맛보곤 했다.

노블카운티에 머무르는 동안 가사노동에서 해방되어 시간의 여유로움을 가짐으로써 재능을 발견해 여생을 자아발전의 계기로 꿈을 실현할 수 있기도 했다. 나 역시 인형을 만들어 전시회까지 여는 기회를 가지기도 했다. 여러 동호회로 친목을 도모하여 외로움과 지루한 일상에서 벗어날 수 있게 하며, 노래교실과 전시회 관람 등 많은 문화생활의 기회도 제공해 준다.

노년의 보금자리가 되어준 노블카운티에서 내 여생도 귀한 추억들로 채워가길 소원해본다.

인형 전시회

병상에 있는 남편 곁을 지키면서 난 한 번도 그이의 병수발이 귀찮다는 생각을 해본 적이 없다. 오히려 그렇게라도 내 곁에 있어준 것에 감사하고 또 감사했다. 하지만 변함없는 일상의 무료함은 그에 대한 사랑과는 무관하게 나를 잠식해가고 있었다.

일상의 무료함을 느끼던 중 노블카운티 입주 초기에 미술치료 프로그램을 듣게 되었다. 당시 선생님께서 털실로 짠 아주 간단하고도 단순한 모양의 손가락 인형 만드는 법을 가르쳐주셨다. 나는 집으로 돌아와 손가락 인형을 몇 개 더 만들어 보았다. 간단하고도 단순한 인형에 눈, 코, 귀, 입, 머리카락을 만들어 인형 얼굴에 표정을 담고 팔과 다리를 붙이고 옷을 입

인형 전시회

히고 신발을 신겼다. 그러고 나니 내 손끝에서 귀엽고 예쁜 인형이 태어났다.

처녀 적부터 손수 옷을 지어 입을 만큼 나는 손재주가 남달랐는데, 그 재능이 늘그막에 나에게 이런 기쁨을 선사할지 미처 몰랐다.

초창기에는 작고 덜 꾸민 인형을 만들었기에 한 달에 십여 개 정도 후딱 만들었는데, 차츰 인형 만드는 게 익숙해지고 욕심이 붙다 보니 인형 크기도 많이 커져 하나를 완성하는 데도 두세 달이 걸리기도 한다. 그래도 인형을 만드는 데 마음을 더 담게 되다 보니 한 작품 한 작품 애정이 깃들게 된다.

어느새 인형을 만드는 것이 내 삶에 즐거움이 되었다. 단순히 시간을 보내는 것이 아니라 인형이 하나씩 만들어질 때마다 내 자신에 대해 성취감이 충족되는 기쁨을 맛보게 된다. 같은 재료와 같은 손으로 만들었어도 그때그때 나의 심성에 따라 인형들의 표정이 각각 변화되는 걸 보면 참으로 신기하다. 인형들이 나에게 주는 눈짓은 기쁨으로도 때론 슬픔으로도 다가온다.

지난 2012년 5월 그간 만들었던 오십 여 개의 인형 작품을 모아 노블카운티에서 전시회를 열었다. 평생 한 남자의 아내로, 간호사로, 아이의 엄마로 살아왔던 내게 새로운 꿈을 펼치게 해준 전시회로 기억된다.

수십 년만의 아침 생일상

따르릉 전화 벨 소리가 들렸다. 생일이라고 외동딸 수진이의 축하 전화라고 지레 짐작했다. 수화기를 들자 들려오는 목소리는 "여기 식당입니다. 오늘 회원님 생신이지요? 생신상 차려드리려고요."하는 것이었다. 나의 어머니께서 돌아가신 이후 수십 년만에 받아보는 아침 생일상이었다. 오래된 습관 같이 생일 축하는 저녁을 함께하는 것으로 되어 있었기 때문이다. 늘 새벽에 출근하던 남편, 등교하는 딸로 아침에는 누구의 생일도 챙기지 않았다.

노블카운티 직원의 아침 생일상 전화를 받고 나니 이날따라 돌아가신 친정어머니가 무척 그리웠다. "아침 먹어라.", "화장해라.", "너는 너무 꾸미지 않는구나." 등등 늘 걱정하시는 어머니 말씀에 우리 아이가 나에게 말하는 것같이 "엄마, 내가 아이인가, 잔소리 좀 그만 하세요." 하던 생각이 난다. 어머니가 돌아가신 후 가끔 엄마가 안 계시니 때가 되어도 밥 먹으란 사람도 없구나 하고 어머니를 회상하곤 했다. 자식은 받기만 할 줄 안다고 말들 하지만 나 역시 똑같은 자식일 뿐이었다.

열 살까지 동생 없이 혼자 자란 나는 우리 집 신주 단지였다. 수수경단을 생일날 먹어야 명이 길어 오래 산다고 열 살이 되어 동생을 볼 때까지 수수경단을 챙겨주시던 할머니, 어머니를 생각하게 된다. 추석 며칠 전이 내 생일이기에 늘 햅쌀을 빻아 녹두를 계피하고 섞어 속을 넣은 솔잎 향이 그윽한 달콤한 송편도 그리워진다.

대학 삼 년 동안 기숙사 생활을 할 때에도 아버지가 찾아오셔서 친구들과 함께 중국 음식점에서 자장면과 탕수육을 사 먹으라고 하시며 돈을 주시던 일도 생각난다. 아주 먼 옛날인데 마치 오늘 일같이 느껴진다. 아마도 이게 늙고 외롭다는 표시인가 보다. 생일날 아침 방자 놋쇠 반상기에 얌전하게 차려진 생일상을 받고 모처럼 감사하며 행복했다.

김재금 선생님 추모예배 단상

인간에게는 생각하는 마음, 지나온 세월들을 돌아보는 마음이 있다. 그러므로 반성하는 마음도 있고 참회하는 마음도 있다. 아름다운 추억, 슬픈 추억, 기억하기 싫은 추억도 있다. 지난 며칠 동안 나는 슬픈 이별을 경험했다. 오랫동안 암으로 투병하던 남편의 친구이자 선배의 남편 되시는 분의 소천 장례식과 사랑으로 우리를 길러주신 선생님의 추모예배 이 모든 일들이 지나온 날들을 거슬러 생각나게 했다.

인간은 이 세상을 떠나는 순간부터 사랑했던 사람에게도 절친했던 사람에게도 잊혀 간다. 내가 낳은 자식도 죽음이 갈라놓는 순간부터 어미의 마음과 기억 속에서 희미해짐을 인정하지 않을 수 없다. 장례식에 참석할 때마다 나는 늘 조급해지곤 한다. 하나님 앞에 설 때 하나님께서 '너 나를 위하여 무엇을 했니?' 하고 물으시면 무엇이라고 대답할 수 있을까 하는 두려움이 있다. 그때마다 지금부터라도 주님의 말씀대로 주님이 주신 가정, 교회, 이웃, 사회에 대하여 충실하자고 각오하곤 한다. 선과 악이 공존하는 이 세상에서 젊은 날 우리들에게 바른 가치관을 심어주시며 자기의 맡은 사명을 정직하게 일깨워주시며 주님의 사랑으로 우리들을 키우시며 본이 되신 선생님 한 분이 계셨다.

"우리들의 사감선생님."

사감선생님 하면 흔히들 〈B 사감과 러브레터〉를 연상하게 된다. 독신이셨던 우리들의 사감선생님은 진정 어머니의 역할을 훌륭히 하셨던 선생님이셨다. 간호대학에 다닌 우리들은 3년간 기숙사 생활을 했다. 강의도 받으면서 3교대의 병실실습과 더불어 일상생활, 빨래, 다리미질 등도 각자의 몫이었다. 그중에도 새벽 6시 30분 예배시간은 우리 학생들에게는 고역의 시간이었다. 예배드리러 가기 전 침상정리, 자기 책상과 물건정리, 거기다가 빳빳이 다린 간호사 제복과 모자까지 쓰고 단정한 모습으로 참석하려면 적어도 5시에 일어나야 했다.

그 모든 일에 완벽을 요구하셨던 선생님께 우리들은 원망과 불평을 했다. 여름에는 저녁 8시에 귀사시간, 겨울에는 저녁 7

시에 귀사시간 빠른 귀사 시간으로 제대로 데이트 한 번 못하고 젊은 청춘이 다 지나간다고 투덜대던 우리들이었다. 그러나 지금은 다들 결혼하여 행복하게 살고있으며 노년이 다 된 우리들은 손자 재롱까지 보는 나이가 되었다. 의사들과 연애하는 제자들을 걱정하여 상대방에 대하여 친히 알아보시고 괜찮은 사람이라고 생각하시면 같은 교내에서 상처받는 일이 생길까 봐 빨리 결혼하라고 재촉하시던 자상하신 선생님이셨다.

선생님 몰래 한 사람은 가까운 빵집에서 빵을 사오던 일, 철없던 우리들은 졸업생이 선생님 드시라고 해온 김치를 몰래 먹고 내일은 불호령이 떨어질 거라고 생각했으나 그냥 모른 척 지나가신 선생님이다.

지금 생각하면 얼마나 미안한 일이었던가. 4.19 때 새벽 총소리에 모두들 옷 입고 돈 가진 것 갖고 예배실에 모이라고 말씀하셨고 전쟁이면 모두 각자의 집으로 돌아가라고 말씀하셨다. 6.25 때 밖에 나가면 다 죽는 줄 알고 기숙사에서 나가지 못하게 해 한 학년이 모두 인민군에 끌려간 아픈 상처를 잊지 못하시어 늘 그 말씀을 하시곤 했다. 책망과 훈계하신 후 뒤에서 피식 웃으시는 선생님의 모습은 미움이 아니라 사랑이란 것을 점차 깨닫게 해주셨다.

1990년 북미주 동창회가 LA에 있을 때 생전에 선생님을 마지막으로 뵈었다. 조그맣게 변하신 선생님을 보고 가슴 아파했었다. 1992년도에 한번은 캐나다 선배 언니댁에서 선생님께 전화드렸더니 안부를 물으시고 "다 잘 있으면 되었다. 나도 평안하니 걱정 말고 전화요금 아껴라." 하시며 전화를 끊으실 때는 섭섭하고 야속하다고 생각했다. 지금 생각하면 선생님께서는 절약과 절제가 몸에 배셨다. 그러면서도 다정하신 선생님이셨다.

한 번은 나보고 "너 바느질 잘하더라. 나 옷 좀 고쳐줄래." 하시던 선생님, 모교에 장학금을 보내시면서도 자신의 이름으로 장학 후원하시기를 끝내 허용치 않으셨던 선생님, 돌아가신 후에도 장례비를 뺀 모든 재산을 모교에 장학금으로 쓰이기를 유언하신 선생님, 빈 몸으로 이 세상에 오셨다가 빈 몸으로 가심을 실천하신 선생님이셨다.

의롭고 바른 일, 규칙을 지키는 일, 정직을 몸소 실천하시며 하나님의 말씀과 그 말씀을 실천에 옮겨 삶에 적용시켜 살아가신 선생님을 제자들은 잊을 수 없을 것이다.

사랑하는 것은 받는 것보다 아름답다는 말이 있다.

선생님의 사랑의 방법을 배워 남편에게, 자녀에게, 이웃에게 필요로 하는 사람이 될 때에 하나님의 말씀대로 사는 것이 될 거라는 것을 다시 한 번 깨닫는 순간이 되는 추모회였다.

"추억은 아름답다. 그러나 아름다운 추억은 더더욱 마음에 영원히 남는다."는 것을 알게 해준 추모의 날에 선생님께서 주님 앞에 편히 쉬시기를 간절히 기도했다.

상반된 두 화가와의 만남

신문에서 샤갈 전시회 소식을 접했다. 이미 반백이 되어버린 머리칼, 주름진 얼굴, 나이도 잊은 채 아름다운 동화 같은 그림을 그리는 화가 샤갈을 좋아하던 소녀적 취향에 나는 전시회로 한걸음에 달려가고 싶은 마음이 들었다.

노블카운티에 거주하면서 종종 전시회에 가곤 하는데, 마침 '20세기 미술의 거장들과 만남'에서 〈마르크스 샤갈 전시회〉와 〈피카소의 예술과 사랑 전시회〉를 마련해주었다.

2000년 가을이 시작될 즈음 피카소의 고향인 스페인 '말라가' 바닷가 휴양도시를 방문한 적이 있다. 그곳에 있는 피카소 전시관은 비좁고 낡은 건물에 작품들이 빼곡히 전시되어 있었다. 피카소의 판화는 대가의 그림이라고 보기 어려울 정도로 마치 춘화도를 보는 것 같았다. 도덕적이고 영원한 사랑을 꿈꾸는 나의 생각과 달라서인지 반가움과 떨림의 감동은 고사하고 기대 밖으로 실망감마저 느꼈던 것이 떠오른다.

그런 피카소를 서울에서 다시 만나게 된 것이다.

'예술은 정숙하지 않은 것'이라는 말을 증명이라도 하듯 그의 생애에 예술적 영감의 원천이었던 일곱 명의 여인들과의 사랑과 성, 욕망을 작품에 표현했으며 속세의 탐닉과 방탕에만 집착하지 않고 너무도 인간적으로 재창조되었다는 도우미의 작품설명을 듣자 그의 작품세계가 새롭게 이해되기 시작했다.

언젠가 문학을 하는 지인과 함께 〈데미지〉라는 프랑스 영화를 본 적이 있다. 아버지가 아들의 연인과 격정적인 사랑을 나눈다는 파격적인 내용의 영화였다. "왜 저런 영화를 만드는지 이해할 수 없다."고 이야기하자 그 지인은 "인간에게 잠재해있는 불순한 마음, 욕망 등을 행동으로 나타낼 수 없기 때문에 잠재된 욕망을 예술관으로 승화시켜 보여주는 것이 예술이다."라고 답해준 것이 기억난다. 이런 맥락에서 피카소의 판화 작품이 탄생된 것이라는 생각이 들었다.

사랑과 성, 욕망을 표현한 피카소에 이어 꿈과 사랑, 자유를 아주 독특한 화풍으로 표현한 마르크스 샤갈과 마주했다. 그의 작품은 나를 멀게는 어린 시절 꽃을 꺾던 동산으로, 그때는 애인이었던 남편과 함께 걸었던 덕수궁 돌담길로, 나의 결혼 식장으로, 가까이는 첫 손자의 탄생으로 데려가 준다.

샤갈의 그림 〈하늘의 연인과 꽃다발〉을 보노라면 사랑하는 남편과 함께할 눈부시게 빛나고 눈물겹도록 아름다운 본향 천국길이 보이는 듯하다.

나의 과거 속에서 아름답고 즐겁고 행복했던 추억만을 건져낸 샤갈은 역시 신, 자연, 인간의 영적 매개자, 예술가로서 회자 될 만한 아름다움의 전도사라는 생각이 든다.

가끔씩 지루한 일상에서 벗어나 아름다운 전시회와 함께하는 이 여유를 앞으로도 종종 지닐 수 있기를 바라본다.

합창경연대회

59세가 되던 해였다. 햇살이 유난히도 강렬하여 단풍이 아름답게 수놓은 산천과 맑고 밝은 한국의 가을은 참으로 아름답다. 부산 피난 시절 경기여중은 영도 끝 한국도자기 회사 옆 천막교실에서 환도해온 이후 얼마 지나지 않아 반 대항 합창경연대회를 시작했다. 김용분이 지휘를 했고 지정곡은 푸른 다뉴브강, 자유곡은 헝가리 무곡이었다. 열심히 연습을 하던 기억과 함께 협력하는 협동정신을 우리는 은연중에 배웠을 것이다. 합창경연대회에 다시 참석하기 시작한 것은 1991년 가을 동창회의 날부터였다. 우리들은 〈꽃잔치〉라는 합창곡을 불렀다.

친구는 뚱뚱하고 나이 먹은 우리에게 꽃을 단 보라색 드레스를 선물해주었으며 또 다른 친구는 강단을 아름다운 꽃바구니로 장식했다. 원래 학교 다닐 때에도 극성스러웠던 우리 반은 그 긴 합창곡을 외워 열창했다. 연습 중에도 점심식사와 간식, 그 외에도 많은 봉사를 서로서로 나누었다. 우리 반 합창단을 심사하시는 곽상수 선생님은 1958년 졸업 후 30년이 지난 때에 할머니들이 무려 40명이나 모인 것에 놀라워하셨다.

온 정성과 격려로 지도해준 지휘자 홍준선, 반주로 도움을 준 김시화 친구 덕에 우리는 대상을 받았다. 합창 연습 날은 어렸을 때의 모습으로 돌아가 나이도 잊고 다시 수다쟁이 중학생으로 돌아갔던 즐거운 날이었다. 오랫동안 각자의 삶을 찾아 살던 동창, 졸업 후 친구들의 이름도 잊고 있었으나 반백이 된 우리는 소녀로 돌아가 그 옛날의 추억을 회상했다.

그녀는 작별인사도 없이 이사 갔다

촌노인 같이 투박한 수원 댁이 노블카운티의 우리 층으로 이사온 시기는 내가 9층에서 6층으로 이사 온 지 2년쯤 되었을 무렵이었다. 그녀는 내 손을 붙잡고 자기 집으로 가자고 이끌었다. 침대 하나 없이 응접실 모퉁이에 덩그러니 개어있는 이불 한 채, 텔레비전 하나, 의자 하나가 다였다. 무슨 사연인지는 몰라도 너무 놀랐다. "필요 없다고 하여 다 버리고 오셨나봐요?" 하며 그녀를 쳐다보았다. 오지랖 넓은 나는 "침대 하나 있어야겠네요?" 하고 말을 건넸다. 그러자 그녀는 "한 100만원 정도로 하나 사야겠어요." 하는 게 아닌가. 날 보고 어디서 사야하는지 도와달란다.

비가 부슬부슬 오는 날, 아픈 남편이 낮잠 자는 사이에 인터

넷으로 미리 알아둔 가구점으로 갔다. 진열해놓은 침대가 100만 원이라고 했다. 내 마음에 너무 안 들었지만 그녀는 그걸 사겠다고 우겼다. 우직하고 속마음은 안보이지만, 말 많은 이 동네에서 말없이 한결같은 그가 좋았다. 이웃들은 모두 나에게 수원 댁 보고 형님이라고 부르는 사람은 목승자 씨밖에 없을 거라고 말했다. 그러나 학력, 경력 떼고 사는 인생, 가치관이 확고한 그녀가 좋았다. 어제만 해도 내가 좋아하는 식혜와 감을 먹겠느냐고 전화하고는 가져다주었다. 고맙다고 하니 웃으면서 돌아갔다. 아마 그것이 우리가 8년 동안 쌓아온 우정의 표시였나 보다. 서운하지만 말없이 이사간 그녀를 이해하고 싶다. 그녀는 그렇게 작별인사도 없이 떠나갔다.

나에게 선물을 주고 싶은 날

2014년 9월 23일. 오늘은 내가 나에게 선물을 주고 싶은 나의 생일이다. 새벽 다섯 시쯤 눈을 떠 목욕하고 예쁘게 화장하고 귀걸이와 목걸이, 반지로 치장하고 마음에 드는 옷을 골라 입었다. 함께 식사하는 이웃을 위하여 사과 두 알을 깎아 박스에 담았다. 13년 동안 함께 식사한 내 친구의 초등학교 6학년 담임선생님께서 내가 좋아하는 양갱을 예쁘게 포장하셔서 내 자리에 놓아 두셨다. 생일 축하를 받고 함께 식사하고 카메라로 사진도 찍었다.

점심 때 딸이 왔다. 생일선물이라면서 일본여행 중 사온 양갱, 나물뿐 아니라 화장품도 주었다. 저녁에는 사위와 함께 분위기 좋은 곳에서 스테이크를 먹자고 한다. 점심은 신세계백

76번째 생일

화점에서 안동국수를 먹자고 했다. 친구 같은 내 딸은 옷 취향, 음식 취향까지 일치하는 것이 많다. 맛있게 점심을 먹고, 겨울에 입을 코트와 스웨터를 나 스스로에게 선물하고 싶다고 했더니, 역시 우리 엄마는 멋쟁이라면서 찬성했다. 마음에 드는 것으로 골라서 나에게 선물했다.

늘 엄마처럼 늙고 싶다는 딸을 주신 하나님께 감사하며 자랑하고 싶다. 무엇보다 나에게 소중한 선물은 하나님이 나에게 주신 딸이다. 오늘은 즐겁고 행복한 일흔 여섯 번째 해, 내 생일이다.

가을여행

경기여고 46회라는 빨간불이 버스 앞 유리창에 번쩍인다. 벌써 삼십 년째 인연이 되어온 친구들의 모임 사목회(네 번째 목요일 모임)이다. 까만색 버스에 황금으로 그려진 버스에 기사 아저씨는 그대로이고 만날 때마다 커튼이나 내부수리를 하여 우리들의 눈을 새롭게 하여 점점 세련되어 갔다. 요란한 커튼색과 번쩍번쩍하는 네온사인 불빛이 없어져 갔다. 일분이라도 늦으면 기다리는 법이 없이 떠나던 버스도 오 분 정도 기다리는 참는 친구들이 되어갔고 우리들의 머리칼도 반백이 넘는 모습으로 변했다. 변하지 않는 것은 여전히 조잘조잘 재잘재잘 소곤소곤 수다 떠는 모습은 여전하다. 웃기는 이야기를 해도 들은 둥 마는 둥 하는 우리들의 태도에 신명이 나지 않는

고교시절

다고 박할머니가 투덜투덜 불평을 한다.

처음 방문지는 서산 용현리였고 그곳에는 마애여래 삼존상 석가여래입상과 재와갈라보살입상, 미륵반가사유상의 온화한 미소가 암벽에 형상화되어 있었다. 우리나라 최고란다. 꽤 높은 층계를 올라가 만날 수 있었던 미륵반가유상에 두서 명만 빼놓고 우리 일행은 모두 올라갔다왔다. 사진을 찍고 카카오톡으로 사진을 주고받았다. 간월도에 들러서 굴밥으로 점심을 먹고 목적지인 안면도에 도착했다. 안면암에 가서 부교도 걸어보고 꽃지해수욕장도 갔다. 안면도 해송길이 너무나 아름다웠으나 우리 모두 걷기를 거부한다. 눈으로 보는 것만 좋단다. 아직 이른 계절의 가을이었으나 군데군데 물들어가는 나무도 운치가 있었다. 우리들의 삶의 계절은 가을을 넘어 겨울로 접어든 것이 아닌가 싶은 여행이었다.

2014년 어느 가을의 하루

일곱 시가 다되어 눈을 떴다. 부지런히 옷을 갈아입고 눈곱만 떼고 립스틱을 바르고 사과 하나 가지고 식당으로 갔다. 오늘은 내가 가장 싫어하는 불고기이다. 직원이 굴비로 바꾸어 주었다. 새콤달콤한 무파래 무침, 남편이 좋아하던 반찬 중 하나이다. '그이가 있었으면 맛있게 먹었을 텐데.'라는 생각이 들었다.

집으로 돌아와 7시 50분, 8시 30분에 시작하는 막장 드라마 〈모두 다 김치〉, 〈청담동 스캔들〉을 보았다. 이 드라마만 끝나면 절대 안 봐야지 하면서 또 보게 되는 것은 무슨 일이지 모르겠다.

프런트 앞 현관을 나서니 가을꽃인 샛노란 소국이 나를 반

긴다. 청명한 가을 하늘 바람이 상쾌하다. 드문드문 피어 있는 철지난 장미꽃이 꼭 내 나이 같다. 꽃잎이 밤사이 추위를 이겨내려고 타들어 간 것 같은 마른 꽃잎이 애처롭다. 무지개 색깔을 띤 팔랑개비들이 서로 어울려 가을바람에 예쁘게 돌고 돈다. 연못에 분수가 물줄기를 시원하게 잘도 뿜어낸다. 사진 찍기에 좋은 풍경이다. 워킹트랙에서 이어폰을 끼고 음악을 들으면 한 시간 걷다가 나나무스쿠리의 〈over and over〉, 정지용 시와 김동규의 〈향수〉를 들었다. 언제 들어도 노래가 그림 같다.

목욕탕에 들어가니 난리가 났다. 어느 분께서 큰 것을 실례한 것을 젊은 분이 밟으셨단다. 가끔 일어나는 소동이다. 이에 대한 반응은 여러 가지 모양으로 나타난다. 고래고래 소리지르는 젊은이 "저럴 줄 알면 오지 말았어야지." 하고 말하는 사람들 말에 나는 마음이 아프다. 아픈 사람을 오래 간호하면 어떤 것이나 다 받아들일 준비가 되어 있다. 그런데 어떤 젊은이가 연세 많으시니 그럴 수도 있다고 말했단다. 그 젊은이가 누구인지 보고 싶어진다.

삶의 끝자락에서 만난 소중한 인연들

남편이 예순 다섯 살, 내가 예순 세 살로 법적으로 노인으로 인정된 나이에 2001년 잘 걷지도 못 하는 남편과 함께 노블카운티로 삶의 터전을 옮겼다. 다시 처음으로 돌아가 시작하는 이곳에서의 생활이 특히 식당에서의 함께할 친구를 찾는 일이 정말 힘들었다.

우리 부부는 비교적 젊은 나이인데다가 우리 남편은 몸이 불편하다 보니 더욱 식당에 들어가기가 힘들었다. 그러던 중 부인은 의사고 남편은 차관도 하시던 우리만큼 나이가 젊은 부부와 우연히 같이 밥을 먹게 됐는데 그 부인은 우리 남편보다 조금 더 몸이 불편했다. 그래서인지 다들 그분하고 밥 먹기를 꺼려하곤 했다. 나는 간호사고 남편은 의사이고 우리도 불

노블카운티 허전 선생 내외분과 가든파티

편하고 하니 같이 앉아서 밥을 먹자고 했다. 그래서 식사를 넷이 함께하게 되었는데 그 부인은 의사에 공부를 참 잘하셨던 분이셔서 그런지 무엇이든 본인 생각에는 자기가 할 수 있다고 생각했는데 실제로는 그렇지 못했다. 커피는 우리 부부가 가져오고 프림과 설탕은 테이블 앞에 있어서 그들 부부가 타곤 했다. 커피를 가져가면 그 부인은 자기가 프림과 설탕을 커피에 타려다 쏟곤 했다. 그러한 상황들도 힘들고 그 부인이 몸이 불편하셔서 침도 흘리기에 다들 그 분하고 밥을 먹으려고 하지 않았다. 그럼에도 내가 남편보고 그들 부부와 같이 먹자고 했다.

두 달 정도를 식사를 함께하다가 그 부인은 요양룸으로 가게 되었다. 그래서 그들 부부 중 남편 혼자 남아서 우리와 같이 먹게 되기도 하면서 여기 생활이 비교적 순조롭게 시작됐다. 그러던 중 당시 노블카운티에 B동은 없고 A동만 있을 때, 2층 데이룸에서 도자기도 만들고 하는 프로그램이 있었다. 2층에는 노블카운티에 있는 사람 중 도움을 받아야 하는 사람들이 있었다. 다시 말해 2층은 ALU이라고 도움이 필요한 분들의 생활을 도와주는 유닛이다. 우리 남편도 아픈 사람이었기 때문에 2층에서 시간을 보내곤 하였다.

그이는 몸이 불편했기 때문에 도자기 만들기 같은 것은 못하였지만 내가 하는 것을 구경하곤 하였다. 또 아래층에 내려가서 음악교실도 같이 가기도 했다. 그리고 당시엔 미술 치료교실이 있었다. 남편이 삼성 이사인 분들은 이곳에서 재능기부를 하곤 했는데 그때 서효정 선생님이란 분이 미술 치료교실을 열었다. 만다린이라고 접시를 엎어놓고 동그라미를 그려 거기에 무작위로 그림을 그리기도 했다. 하루는 손가락 인형을 떠가지고 와서 아픈 사람들 보고 실로 꿰매서 팔과 다리를 만들고 털실로 머리카락을 붙이고 하였다. 이 과정에서 나의 삶이 답답하니까 집에 와서 손뜨개 인형을 한 개, 두 개 만들던 것이 11년 동안 인형을 54개를 만들게 된 계기가 되었다.

그 다음에 또 문서란 선생님이라고 계셨다. 그분은 노블 카운티에서 13년 동안 봉사를 하셨으며 현재까지도 봉사하시는 분인데 숙명여대에서 음악치료를 전공하셨다. 그분이 우리에게 음악치료를 하시면서 석사학위 논문을 쓰시는데 하루는 멜론과 딸기를 굉장히 비쌀 때인데 많이 사오셨다. 우리에게 설문조사를 한다고 미안하다고 후식으로 사오신 것이다. 자원봉사를 하면서 그런 선생님이 어디 있을까 하고 생각했다. 또 우리 남편이 돌아가시기 전까지도 시간이 있으면 따로 널싱홈에 오시게 하여 즐겁게 해주시고 하시던 좋은 분이셨다.

나는 그분들을 보며 사람은 자기가 재능기부를 하든 돈을 기부하든 자기가 기뻐서 하는 것은 본인에게도 도움이 된다는 걸 알았다. 그리고 사람은 겉만 보고 얘기할 수 없다는 것을 깨닫게 된 계기가 되었다.

이곳 노블카운티에 와서 우리 남편이 평지에서 걷는 건 힘들기 때문에 수영장에서 40분씩 매일 아침 걸으며 운동을 하셨다. 남자 목욕탕에 내가 들어가서 옷을 갈아입힐 수가 없기 때문에 프런트에서 일하시는 분이 목욕탕 입구까지 나오셔서 우리 남편을 모시고 들어가서 수영복으로 갈아입히고 수영장까지 모셔다 드렸다. 그러고는 운동이 다 끝나 내가 수영장에서 전화를 드리면 수영장에 모시고 올라가서 다 닦아드리고 옷을 입혀드리고 남자탈의실 바깥에서 만나서 나에게 우리 남편을 인계해줬다.

내가 너무 고맙고 미안해서 한번은 케이크를 두 개 들고서 나눠 먹으라고 줬더니 여기는 그런 것 받으면 안 된다고 저녁에 우리 집에 다시 가져왔다. 우리 남편이 돌아가시고 난 다음에도 그 양반을 볼 때마다 너무 감사했다. 노블카운티에서 글쓰기 대회가 열렸는데 그분이 뻥튀기 할아버지라는 글로 금상을 받았다. 우리는 그 사람을 볼 때 겉만 보지 그 사람이 어떤 사람이라는 걸 알 수가 없지 않는가. 그런 멋진 글을 써서 금상을 받을 정도의 분인데 우리는 겉만 보지 속을 못 보지 않는가. 그분이 상을 받으니 참 기뻤다. 여기서 일하는 사람이 선물 같은 것을 받지 말라는 것은 일을 할 때에 공평하지가 못해지기 때문에 못 받게 하는 것이다. 내가 그 사람을 선물을 갖다드리면 그 사람이 우리 남편을 볼 때 아무래도 다른 사람하고 공평하게 할 수 없기 때문에 못 받는 것이다. 이제는 남편이 안 계시니까 괜찮을 것이라고 생각했다. 그래서 4년 동안이나 우리 남편에게 잘해준 분한테 칭찬도 해주고 싶고 또 용기도 주고 싶어서 내가 조그마한 선물을 하나 갖다 드렸다. 편지와 함께 주면서 "이거는 문제가 되지 않을 것 같다. 우리 남편도 안 계시고 지금 그 옛날에 4년 동안 남편을 돌봐주시고 난 다음에도 8년이나 더 사시다 여기서 돌아가셨는데 내가 너무 기쁘고 고마워서 이 선물을 드리는데 이것이 허용이 안 된다면 그건 인간적으로 말이 안 되니 꼭 받아 달라." 그러자 선물을 받으셨다. 받으시면서 그분이 내 손을 붙잡고 우셨다. 그 양반도 남편과 오랜 세월 정이 많이 들었나 보다.

다음에 또 내가 만난 소중한 인연은 털실가게에서 만나게 된 분이었다. 가게를 방문했을 때 주인이 시장 아줌마 같고 내 눈에 보기에도 가게에 만들어 놓은 것들이 세련되지도 못 하단 생각을 했다. 그저 시골 아줌마가 털실로 강습을 하는구나 하고 생각을 했다. 왔다 갔다 하면서 나는 또 그리 공손하게 얘기도 안 하고 "아줌마! 무슨 털실 있어요?" 하고 그냥 물어보기도 하고 그랬다.

하루는 그 가게에 가면서 내가 인형 뜬 걸 보여주니 너무 예쁘다 하기에 혹시 전시회를 할지도 모른다 했다. 그랬더니 전시회에 꼭 가보고 싶다며 전시회를 열게 되면 자기에게 얘기해 달라 했다. 그래서 전시회를 할 때에 그녀를 초대하게 되었다.

그녀가 전시회에 와서 방명록에 축하한다는 글을 썼는데 너무 글을 잘 쓴 것이 아닌가. '먹고 산다며 징징대며 만난 어르신. 반짝이는 별 같은 모습으로 다가오신 고운 분. 이름 모를 별과 해처럼 한 모퉁이를 곱고 아름답게 비추어주신 고운 분. 사랑하고 존경합니다. 손뜨개공방 청조 심영화.' 게다가 전시회를 올 적에 비싼 것은 아니지만 파인애플, 딸기, 사과 등을 수세미에 싸 예쁘게 만들어 꽃 두 송이와 함께 바구니에 리본을 매서 예쁘게 해온 것을 보고 이 아줌마 보기보다 참 센스 있다고 생각했다.

방명록의 그 글을 보고 그녀에게 참 잘 썼다 했더니 자기가 시인이란다. 나중에는 그녀가 글을 써서 책을 내기도 하여서 출판기념회에 축하하러 가기도 했다. 여전히 십여 년 동안 그 뜨개질 가게를 다니면서 그 사람을 다시 생각하게 되었다.

또 다른 나의 인연, 미장원 아줌마가 있다. 노블카운티에 이사를 왔는데 미장원이 어딘지 몰라 여기 있는 어른들 보고 미장원이 어디냐고 했더니 요 앞에 있다는 것이었다. 찾아가 보니 제목도 우스운 에쎄 미용실이었다. 그래서 그곳을 다니게 되었다. 다른 할머니들은 조금 다니다가 마음에 안 든다고 안 다녔지만 나는 머리라는 게 물론 예쁘게 하는 것도 좋지만 마음에 안 들더라도 머리는 자라는 것이니 한 번 잘못해서 영원히 잘못되는 건 아니니까 상관없다고 생각했다. 그래서 나는 이 아줌마한테 쭉 다녔다.

이 분은 애교스럽거나 아첨하지는 않지만 오늘이 어제 같고 오늘이 내일 같고 하는 항상 특별히 친절하지도 않고 특별히 잘하지도 않는, 가면 그저 "왔어요?" 하는 한결같은 사람이다.

이 분이 노블카운티로 오기 전 미용실을 할 적에 그 앞에 농협이 있었다. 우리 남편이 잘 못 드시니까 농협에서 배추도 사고 음식을 만드려고 파도 사고 무도 산 뒤 미장원을 가니 거기서 "어머니 가져가시기 전에 파마하는 동안에 그거 다듬으세요." 하였다. 남편을 미용실에 모시고 가 내가 파마를 하니 나보러 집에 가서 일하지 말고 기다리는 중에 파도 까서 가져가고 김칫거리도 다듬어 가져가라 했다. 그래도 자기의 일터인데 흔쾌히 그런 것들을 하게 하다니 얼마나 좋은 사람인지 모른다.

현재 노블카운티 미용실 아줌마가 바로 에쎄 미용실 아줌마다. 여기는 식사 시간이 정해져 있어 회원이 많으면 시간이 지체되어 식사시간을 놓칠까 싶어 내가 손님이 많을 때는 머리도 감겨주고 중화제도 쳐주기도 하였다. 주인과 손님 사이가 아닌 오랜 세월이 흘러 친척 같은 마음이 들게 되었다.

알래스카 크루즈에서 만난 이 여사께

주신 촛대는 돌아오는 추수감사절에 칠면조와 함께 저녁식탁을 마련할 때 잘 사용하겠습니다. 꼭 그렇게 안 하시고 엽서 한 장 주셔도 될 터인데 이 귀한 것을 보내시다니 참 감사합니다.

그 선물을 받는 순간 Mrs. Lee의 성품과 같다고 생각했습니다. 잠깐 지나가는 이 세상, 한 치 앞도 모르는 인간들인 우리는 이 세상을 떠나는 순간 사랑, 미움, 욕망, 슬픔 그 모든 것이 사라지리라는 생각을 하지도 않는 것이지요. 그러나 사는 동안 하나님께서 주신 각자의 달란트대로 열심히 살았으며 또 진실한 사랑 위에 행복했던 시절들을 돌아보며 하나님께 감사하고 싶습니다.

나의 모습은 보지 못하고 벗겨진 머리, 늙어가는 남편의 모

알래스카 쿠르즈여행

습을 보는 것은 가슴 아픈 현실이지요. 그러나 추억은 아름답고 그 아름다운 추억은 영원히 나의 마음에 남는 것임을 깨닫게 됩니다.

나도, Mrs. Lee께서도 우연히 만난 오랜 인연이나 서로의 마음속에 아름다운 추억으로 피차에 남기를 소망합니다. 언제 어느 곳에 계시든지 밝고 힘차게 해나가시리라 믿으며 늘 건강하고 행복하시기를 하나님께 기도드립니다.

서울에서 Mrs. Lee 재억 드림.

우리 부부, 詩想이 되다

노블카운티에서는 간혹 문예백일장을 열어 좋은 작품에는 상도 주고 로비에 액자로 만들어 전시를 하기도 한다. 얼마 전 열렸던 시 공모전에 마음을 뭉클하게 하는 시 한 편이 있어 우리들 사이에 화제가 된 적이 있다. 시의 내용을 살핀, 즉 아내가 떠나간 남편을 그리워하는 내용이었는데, 아마도 시를 쓰신 분이 우리들 중 누군가를 모델로 하여 절절한 심정을 잘 표현하여 짐작은 했다.

시를 쓴 사람이 누군가 확인하니 남편이 돌아가시기 전에 우리 부부도 많은 도움을 받았던 노블카운티의 윤건향 간호사 선생님이었다. 나는 선생님께 가서 넌지시 시 내용에 대해 물어보았는데 뜻밖의 대답을 듣게 되었다. 바로 우리 부부를 보며 시상이 떠올라 이 시를 쓰게 되었다는 것이다. 병상을 지켰던 남편, 그 옆을 간호하던 우리 부부의 이야기를 이다지도 아름다운 한 편의 시로 남겨준 선생님의 마음에 고마움을 표현할 길이 없다. 이 시를 볼 때마다 남편을 향한 그리움이 담뿍 더해지곤 한다.

다시 태어나도 당신의 아내가 되고 싶다

아침에 일어나 내가 아니면 화장실에 갈 수 없어
마냥 기다리고 있는 당신을 보며 안쓰러워
남모르게 눈물 지우고 훔치지만
다시 태어나도 당신의 아내가 되고 싶어요.

그렇게 좋아하는 소고기 한 점도 젓가락으로
집을 수 없고 삼킬 수 없어
모든 반찬의 형태를 알 수 없이 다져야 해서
나의 한숨과 함께 다시 조리해야 하지만
다시 태어나도 당신의 아내가 되고 싶어요.

손을 잡고 함께 걸을 수 없고

재잘거리는 새처럼 주고받는 대화가 없어
언젠가 외로움은 나의 친구가 되었지만
다시 태어나도 당신의 아내가 되고 싶어요.

두 달에 한 번씩 꼭꼭 하던 염색도 함께할 필요 없고
내 나이보다 십 년은 나이 들어 보인다 하지만
당신의 눈빛으로 여전히 이쁘다 말해주는 듯해서
다시 태어나도 당신의 아내가 되고 싶어요.

먼 길 떠날 당신에게 같이 아파해주지 못하고 같이
떠날 수 없어 그저 옆에 있는 것밖에 할 수 없지만
당신이 그렇게 보고 싶어했던 아침에 하늘을 보며
눈물을 삼켜야 할 때를 나 혼자 맞이해야 하지만
다시 태어나도 당신의 아내가 되고 싶어요.

80세의 꿈

언젠가 인형을 만드는 것에 관한 짧은 인터뷰에 응한 적이 있다. 그때 나는 무심결에 꿈 하나를 얘기했더랬다. 80세가 되던 해 서울 인사동 갤러리를 하나 빌려 나와 딸 그리고 손녀 이렇게 삼대가 함께 쓴 자서전을 내고 그때까지 내가 만든 인형 전시회를 한 번 더 내고 싶다는 꿈 말이다.

말로 하고 지나친다면야 그저 그런 상상에 그치겠으나 나에게 그 일은 정말 이루고 싶은 일이다. 그래서 지난날 틈틈이 메모일지라도 짧은 글들을 기록해왔는지도 모르겠다.

마침 노블카운티의 문화센터 강좌 중에 글쓰기 강좌가 있어 이참에 딸아이와 함께 신청하여 수강하게 되었다. 지금까지 글을 어떻게 쓰는 것인지 잘 알지 못한 채 그저 생각나는 것을

뜨개질하는 목작가

끄적이는 게 다였는데, 체계적으로 글을 쓰는 것을 배워 보니 날마다 수업 시간이 어찌나 재미있는지 모르겠다.

그럼에도 한 자 한 자 흰 종이를 채워가는 일이 참으로 쉽지 않다.

이번에 이 에세이를 집필하면서도 많은 어려움에 부딪히곤 했다. 아마도 도와주는 여러 손길이 없었다면 이 책을 내는 게 여간 힘든 일이 아니었을 것이다. 오늘의 이 경험들을 모두 모아 팔십 세가 되는 그 날 다시 한 번 내 삶과 딸의 이야기 그리고 손녀의 마음을 담은 멋진 자서전을 한편 완성할 수 있기를 바라며, 인생의 황혼기인 노년에 반드시 그 꿈이 이루는 날이 오기를 기도해본다.

J.A. LEE
632 Church St. Apt #3
Michigan 48104
U.S.A
SEOUL, KOREA
AEROGRAMME • PAR AVION
SECOND FOLD
FIRST FOLD
DO NOT USE TAPE OR STICKERS TO SEAL
ENCLOSURES PERMITTED
이 우편물에는 아무것도 넣지 못하며 첨부하지도 못합니다
Nothing may be contained in or attached to this letter.
AEROGRAMME
PAR AVION
항공우편

제6장

당신에게 그리고 당신으로부터

이 장에 소개하는 글은 1967년부터 1968년까지 1년에 걸친 남편의 미국 유학생활 동안 우리 부부가 나누었던 편지글이다. 한결같이 사랑했던 우리 부부에게 떨어져 지낸다는 것은 무엇보다 큰 헛헛함이요 아픔이었다. 우리는 한국과 미국이라는 물리적으로 이역만리에 떨어져 있었지만 하루가 멀다 하고 서로에게 연서를 보내며 그 시간을 견뎠다. 총 삼백여 통에 가까운 편지들 중에 서로를 생각했던 달달한 사랑의 밀어들 몇 부분만을 발췌해 이 지면을 빌어 기록해본다.

엄마야

수진이, 동욱이, 장모님, 이모 모두모두 건강하시고 안녕하신지 궁금하군요. 떠날 때 당신 눈에 눈물이 많이 고였던 게 가슴에 남소. 미국까지 오는데 약 24시간 걸렸구려. 편지지도 못 사고 우표도 없었기에, 또한 대단히 피곤해서 당신과 아이들을 생각하며 잤더니 아침에는 괜찮군. 밥 먹고 상점에서 편지봉투, 편지지를 사고 학교 내에 있는 우체국에서 당신에게 맨 처음 편지를 쓰는 거요. 벌써부터 보고 싶은 마음이 가득하오.

Good sleep and healthy living, my dear.

모두의 건강을 빌며.

아빠에게

보내주신 엽서는 받았습니다. 물론 무사히 잘 도착하였으리라고 믿고 있으면서도 당신이 가신 날 그날 밤은 이곳에 비도 무척 많이 쏟아지고 뇌성벽력이 밤이 세도록 끝이지 않아 내 마음도 뒤숭숭했습니다. 자던 동욱이도 깨어서 그래도 제 맘에는 많이 걱정이 되든지 "엄마 아빠 비행기 타고 가다가 비 맞으면 어떻게 해?" 하고 제법 걱정을 하면서 당신께 우산을 갖다드리라고 했답니다. 24시간이면 갈 수 있는 곳이지만 아빠가 그렇게 오래 못 오신다는 것은 미처 모른답니다.

여보, 동욱이가 그전보다 참 허전한가 봐요. 내가 나갈 때면 어떻게나 우는지 모릅니다. 그리고 할머니 보고 아빠는 비행기 타고 가더니 왜 안 오냐면서 힘없이 묻는답니다. 그래서 공연히 내가 다시 취직을 했나보다, 우리들의 아이나 볼 걸 하고 후회도 한답니다. 하지만 우리 모두가 잘살려고 한 것이니 하고 마음을 굳게 먹습니다. 최선을 다해서 아빠 몫까지 애정을 주려고 노력하겠습니다. 수진이는 아빠가 떠나신 걸 아는지 모르는지 마냥 즐겁기만 합니다. 설사는 가끔 합니다만 큰 지장을 초래하는 정도는 아닙니다.

생활하시는 중에 곤란한 점이나 모자라는 점이 있으면 언제고 말하세요. 보내드리겠어요. 병원에 갔더니 상급생들이 그 의가 좋은 부부가 멀리 떨어져 있으니 어떻게 하느냐고 무척 걱정들이더군요. 당신은 모든 일에 너무 침착하신 분이니 다른 것에 대해서 말은 않겠어요. 다만 무리하시지 말고 항상 허리 조심하세요.

당신의 부인, 승이가.

엄마

아기들 데리고 고생이 많겠소. 장모님이랑 이모도 건강하시겠지요. 장마철은 모두 무사히 지났는지 그곳 소식이 매우 궁금하군요. 두 아기 데리고 정말 수고가 많은 줄 내가 잘 알고 있소. 나 혼자 여기 와서 호강하는 것 같아 자꾸만 미안한 생각이 드는군요.

이곳에 도착한 지 이제 일주일째요. 내 책상 위에는 우리 식구들 사진이 항상 나를 주시하고 반겨주고 있소. 목소리를 못 듣는 것이 제일 섭섭하군요. 자꾸만 생각이 그곳으로 날아가서 내 이곳 이야기를 못 쓰게 될 것 같소. 나 먹고 사는 것은 조금도 걱정 마오. 차라리 그곳이 걱정이 되오. 애들이랑 당신 모두 영양실조 되지 않게 해주시오.

이곳은 루이스버그라는 조그만 부자 대학 도시로 한국인으로는 서울 공대 교수가 나와 같은 학생으로 와있소. 둘이 모여 이야기 할 때도 많소. 그 사람도 빚이 많더군. 지난 주일은 이곳 학교서 단체로 2불 들여서 펜실베이니아의 수도인 해리스버그에 구경 갔는데 참 좋더군요.

돈이 많은 나라니까 그렇겠지만 게티즈버그라고 하는 저 유명한 남북전쟁의 결전지인 전투장에 가서 비석과 대포들을 보고 또 링컨 대통령의 게티즈버그 연설한 곳도 그곳이고 아이젠하워 대통령의 별장도 그곳에 있다고 하더군요. 도중에 큰 허쉬 초콜릿 공장을 구경하고 한국에서 먹었던 것 같은 초콜릿도 얻어먹었소. 도시 이름도 허쉬이고 공장도 크더군요. 미들 타운이란 곳에 가서 소위 말하는 민박을 했는데, 나는 목사 집에서 잤소. 젠틀한 목사와 토론도 좀 했지요. 못 믿겠다고? 웃기지 말라고요? 신판으로 된 영어 성경책을 한 권 받았다오.

신문에서 보는 폭동 등등은 미국보다 더 먼 미국에서 일어나는 일처럼 아무런 반응이나 설렘이 없으니 걱정할 것 없소. 촌놈이 길을 알아야 어디가고 돈이 있어야 쓰지. 돈 쓸 줄도 모르니 잘됐지만 그러나 불편한 점은 없으니 안심하오. 편지 기다려도 좋겠소? 이모가 훔볼까 봐 달콤한 이야기는 빼고 보내오.

당신의 남편 씀.

아빠!

열흘밖에 안되었는데 어찌나 아빠가 간 지 오래된 것 같은지 모르겠군요. 집에 와도 밖에 나가도 마음 한구석이 텅 빈 것 같아요. 요 사이는 제가 낮 근무여서 4시쯤 집에 와서 아이들 씻기고 올 때에 시장 봐다가 애들 좀 해먹이고 6시만 되면 밥 해먹고 치우고 방에 파리약 다 친 다음 저녁 여섯시 반쯤 되면 자리 깔고 뉘기 때문에 별 걱정 없이 해나가고 있습니다. 제가 쉴 사이는 없으나 그런대로 일하는 아이 없이 같이 거들어서 하면 될 것 같아요.

저는 월급이 생각했던 것보다는 많을 것 같더군요. 간호원장이 전에 1년 반 근무한 경력을 포함해서 월급을 준다고 그러더군요. 요즈음 며칠 동안은 잠도 잘 안 오고 입맛도 없고 하는군요. 앞으로는 좀 날씬해지겠어요. 참, 신림동 어머니 오셨을 때 비빔밥 해드렸어요. 당신이 계셨으면 얼마나 잘 잡수셨을까 하고 생각했지요. 식사는 잘 하시는지요?

여보! 좀 자주 편지를 해주셔야겠어요. 공부하시느라고 바쁘실 테지만 꼬박꼬박 기다리는 여섯 개의 눈동자를 잊지는 않으셨겠죠. 여보, 아이들이 무척 보고 싶으시지요. 우리 쓴

약 먹는 셈치고 무척 길면 길고 짧다면 짧은 1년을 참아야겠지요. 하루에도 달려가 만나고 싶을 때가 많지만 맘을 달랜답니다. 여보, 떠나신 며칠은 별로 모르겠더니 날짜가 지나갈수록 당신이 무척 보고 싶군요.

밤도 무척 깊었습니다. 아마 지금쯤은 주무실는지도 모르겠어요. 빨리 여름이 지나고 가을이 지나고 겨울이 지나고 또 봄이 지나고 여름이 지나 가을이 되어 당신을 만나 뵐 수 있었으면 하고 바란답니다. 당신이 옆에 계셨을 때 당신을 위해서 내 자신이 태어난 것 같은 착각으로 항상 당신을 위해 모든 것을 바쳐서 섬겼었는데 당신이 안 계시니 살아가는 하루하루가 무의미한 것 같이 느껴진 적이 한두 번이 아닙니다. 당신과 나의 분신인 동욱이와 수진이에게 나의 모든 것을 주어 당신이 오실 때까지 충실히 길들려고 마음을 돌려 먹습니다.

여보! 당신과 나의 모든 기원이 1년을 지나는 동안 알차게 길러나감으로써 이루도록 해야겠지요.

이 밤도 당신에게 뜨거운 키스를 보내며
멀리 서울에서 your wife 承이.

아빠에게

오늘 세 번째 편지를 급히 씁니다. 당신이 가신 날 밤 이곳은 무척 무섭게 천둥, 번개 그리고 밤새도록 비가 퍼부었답니다. 당신도 가신데다가 이렇게 무서운 밤이었으니 이 생각 저 생각 그리고 당신이 무사히 여행 중인가 하고 걱정하다 잠깐 눈을 붙였습니다.

당신이 가신 직후에는 외롭다거나 당신이 보고 싶다거나 할 경황도 없었고 그저 꿈만 같았는데 시일이 지나갈수록 당신이 옆에 계셔주셨으면 이렇지 않을 터인데 하는 아쉬움이 사무칩니다. 여보, 이렇게 오래 떨어져 있어 보기는 당신과 내가 알기로는 처음이죠. 하지만 그리움도 외로움도 당신과 나의 분신인 동욱이와 수진이를 위해서 당신이 오실 때까지 참고 또 당신이 바라시는 대로 남에게 칭찬받도록 최선을 다하겠어요.

여보, 언제나 당신을 위해서 나라는 인간이 태어난 것 같은 착각 속에서 사는 承이니까 그리고 당신이 원하는 것은 무엇이든 해드리지 않고는 마음이 편치 않은 저를 당신은 알고 계시죠. 당신이 모든 것을 알고 또 나의 모든 것을 이해해주고

감싸주고 하시는데 무언들 못 해드릴 마음의 소유자가 아님을 당신도 아시겠죠. 가실 때까지 말하자면 바가지를 긁어온 저를 너무 꾸짖지는 마세요. 그럼 항상 몸조심 하시고 필요한 물건이나 또 원하시는 것 있으시면 언제나 말하세요. 기쁘게 해드리겠어요.

서울에서 당신의 아내 承이가.

엄마!

3일 전에 당신 편지 받고 눈물이 나서 혼났다오. 정말 그리운 마음뿐이었소. 편지지에 당신 눈물자국이 있는 것을 보면 당신도 그럴 것 같군요. 당신도 물론 보고 싶지만 동욱이가 보고 싶어 못 견디겠소. 자꾸만 콧날이 시큰거려 편지를 쓸 수가 없었다오. 질투할 시기가 지난줄 알고 동욱이 보고 싶은 소리를 안심하고 쓰오. 부디 모두의 건강을 당신이 맡아주시고 잘 있길 바라오. 그리워요.

당신 남편 씀.

서울에서 당신의 아내 承이가

여보, 우리가 알고 난 뒤로 이렇게 멀리 그리고 오래 떨어져 있기는 처음이지요. 당신이 안 계시니 알뜰히 보살펴줄 이가 없는 것 같아서 정말 점점 외로워지는 것 같아요.

여보! 아기같이 보챈다고 하실 테지만 정말 당신이 이렇게 나에게 많은 비중을 차지하고 나에 전부였다는 것은 당신을 보낸 후 하루하루가 지나갈수록 점점 크게 나를 깨우쳐 주고 있어요.

동욱이와 수진이 모두 중요하고 내 사랑이 크지만 항상 내가 말하듯 당신만 못하다면 또 모성애가 부족하다고 나무라시겠지요.

지금 수진 동욱이 다 깊이 잠들어 있습니다. 아기들의 자는 얼굴 속에서 당신의 모습을 되찾으며 마음의 위로를 스스로 합니다. 그리고 나는 누구에게나 말해도 자랑스럽고 다정한 우리들의 아빠가 있다고 말할 수 있는 행복한 아내요, 그리고 엄마니까요. 그렇죠, 여보?

제가 바라는 것은 그저 당신 건강이나 지장 없이 잘 있기 바라는 이외에는 아무것도 없답니다.

이 承이가 자존심이나 그리고 이해타산 없이 나의 전부로 당신을 사랑해왔고 그 결과 우리들의 가정이 태어난 것이 아니에요. 그러니 당신을 위한 길이라면 무엇이고 다 참을 각오가 되어 있어요.

당신의 아내 承이가.

엄마

항상 같이 있었고 있을 것으로 알고 살던 우리가 이렇게 보다 낫게 살려는 바람을 지니고 떨어져서 사는 대가는 하는 수 없이 지불해야 하는가 보오. 대가를 지불하지 않고 물건을 갖는 것 같이 그리 정당한 방도가 아닐까 봐 이렇게 잠시 떨어져 사는 것으로 알면 될까? 하여튼 떨어져 있어 보니 서로가 얼마나 큰 힘이 되어 왔고 도움이 되었으며 또 얼마나 사랑했는가를 절실히 느끼게 되는 것 같구려.

억지로 사는 법은 없소. 최선을 다하면 그만한 대가가 올 것으로 알고 남은 삶도 그렇게 살아갑시다.

장모님께서 너무 수고해주셔서 항상 감사한 마음입니다. 될 수 있는 대로 걱정하시지 않게 당신도 잘 해드리고 내 몫까지 섬겨주시오. 신림동 어머니도 당신이 잘하신 것으로 생각하고 나도 마음을 놓겠소. 강의시간 때문에 우선 이만 줄이오.

당신의 남편.

사랑하는 아빠에게

오늘쯤은 아빠의 편지가 올 것 같아 아침부터 기다렸습니다. 매일 매일 받다시피 하는 당신의 편지를 받을 때마다 새로운 감정으로 읽을 수 있고, 또 당신이 옆에 계시지는 않지만 옆에 항상 같이 해주시는 것 같은 착각을 느낄 정도입니다.

아빠, 이렇게 매일 매일 주고받는 우리들의 사랑의 대화 속에서 저의 대한 모든 것을 당신 역시도 알고 계시리라 믿고 싶군요.

여보 정말 당신은 좋은 친구들을 가지셨군요. 그래도 친구들이 계시니 한결 맘이 가벼워집니다. 동욱, 수진이는 소꿉장난감을 가지고 놀이한다고 장난감 쟁반 그릇 등에 밥을 차려와서 먹으라고 애교가 이만 저만 아닙니다. 이제는 오빠가 무얼 달라고 요구하면 따라다니면서 나도요 하면서 다니고 제법 말도 하고 떼도 부리고 동욱이는 동생편을 어찌나 드는지 그러다가도 심통만 나면 이모랑 할머니를 사정없이 두드려 패고 망나니가 여간 아니랍니다.

항상 당신이 안 계신 가정이니 무언가 잃어버린 기분이지만 그런대로 아이들이 재롱부릴 때면 당신 생각을 잊을 때도 있지만 더욱 간절히 생각나기도 합니다. 같이 즐겁게 웃을 수 있었을 텐데 하는 맘으로.

여보, 결국 사랑한다는 것은 같이 있고 싶다는 것을 의미하는 게 아닐까요? 이렇게 한번 멀리 떨어져 있으므로 얼마나 서로를 사랑했는가를 새삼스럽게 느끼게 되니 좋으네요. 하지만 길게는 싫어요.

여보, 당신의 편지를 읽을 때마다 정말 당신의 애정을 뼛속 깊이 느끼게 되며 우리는 정말 행복한 부부라는 것을 깨닫게 됩니다. 빨리 우리들의 아가들이 아빠와 함께 즐거운 생활을 하기 고대하면서.

사랑하는 당신에게 띄워 보내며.
당신의 아내가.

여보

편지 쓴 날이 꽤 오랜 것 같아 손수 만든 달력을 보니까 일주일은 넘지 않았군요. 내가 편지를 기다린 것 같소. 우리 욱이와 수진이 잘 있겠죠. 당신 건강은 어떻소. 더위에 몸조심하시오.

지금은 공항에서 한 시간 반쯤 더 기다리다가 비행기를 타고 디트로이트로 갈 거요. 공항에서 잠시 앉아 쓰는 것이라 길게는 못 쓰오.

당신의 남편이.

사랑하는 엄마!

바로 이 순간인지도 모르죠. 29년 전 오늘! 당신이 이 세상에 태어난 날 말이요. 당신이 우리 욱이를 낳은 순간을 더듬어 기억하신다면 장모님이 당신을 낳으실 때의 감정을, 느낌을, 당신이 다소 이해하실 수 있겠죠. 난 남자니까 잘 모르겠다만, 의사니까 안다고 할까?

엄마! 사랑하오. 당신을 말이요. 배필로서. 당신 아버지 같진 않을 테니 염려하진 말아요. 그러나 항상 우리들이 차려야 할 예의와 규모, 체면, 책임은 해야만 우리가 서로 존경하면서 매일매일 새로운 기분과 감정으로 살아나가고 생활을 창조해 나가지 않겠소? 이 사실은 당신이나 나나 한시도 잊어서는 안 되는 사실이요. 사랑하는 데 없어선 안 될 필수 조건이란 말이요.

당신이 나를 이해해주시듯 내가 엄마를 이해하고 또 사랑하는 것도 우리들의 끊이지 않는 노력의 대가라고 생각하고 오늘 당신 29회 생일을 이곳에서 당신의 남편 되는 내가 이 거룩한 순간을 기억하며 또 사랑의 고백을 순수한 감정으로 하는 것이오. 아울러 자식 된 도리와 부모 된 도리를 잘 해야 할 것으로 알고 노력하자고 다짐하는 것이요. 정말 당신을 사랑하고 있소.

당신의 생일날 행운을 우리에게 실어달라고 빌면서.
멀리서 아빠가.

아빠에게

아빠. 오늘 은행에서 연락이 왔습니다.

너무 오래 걸리고 해서 무슨 사고가 생긴 거 아닌가 하고 그동안 무척 걱정했었어요.

지금 막 집에 돌아와서 당신 편지를 받았어요. 너무나 당신이 걱정을 해주시고 정말 하루도 우리 셋을 항상 걱정해주셔서 모두 다 잘 있습니다. 저는 오늘부터 고려병원에서 파트타임으로 근무했습니다. 막 돌아오니 어찌 피곤한지 모르겠군요. 조금이라도 도움이 되어볼까 (당신이 혼자 애쓰셔서 보내시는 돈을 절약하고) 저 역시 애쓰고 한 푼이라도 더 벌어볼까 노력하는 우리 부부에게 언젠가는 경제적인 풍부함도 곁들이겠지요.

여보, 정말 보고 싶고 만나고 싶군요. 피곤한데도 잠에 푹 빠지지 못해서 피곤이 풀리지 않는군요. 당신만 공연히 걱정시켜드릴 말만 하지요. 그러나 좀 몸은 날씬해지겠어요.

당신 말대로 내년에 미국 가게 되면 카메라는 꼭 사가지고 가겠으니 기다리세요. 그리고 엽서나 좋은 것이 있으면 엄마도 같이 감상하게 해주세요.

그럼 다음에 편지 쓸 때까지 안녕히 계세요. 자주 편지하겠어요.

그럼 몸 건강히. 안녕히.
서울에서 your wife 承.

여보

내가 이렇게 마음이 약한 줄은 정말 몰랐소. 날이 갈수록 보고 싶고 그리워서 당장이라도 집어치우고 돌아가고 싶은 생각이 하루에도 몇 번씩 일어나오. 애들도 보고 싶어서 못 견디겠소. 같이 있을 사람이 올 때까지는 나 혼자서 이 집에 있게 되어서 더 집 생각이 나는지도 모르겠군요. 너무 마음을 가다듬을 수 없어서 극장에 다녀왔소.

어린 시절 우리가 돌아다니던 길과 속삭이던 말들 하나하나 뚜렷이 살아오는구려. 정말 사랑해온 우리들의 과거는 너무나 생생하게 다시 떠오르는군요. 못 살고 한심스런 역경에 처해 있던 일까지도 모두가 아름답게만 여겨지니 내가 미치려고 그러는지도 모르겠소.

여보, 정말 우리는 떼어놓지 못할 사이요. 어쩔 수 없는 그야말로 천생연분인지도 모르겠소.

내일부터 강의를 시작한다니 들어봐야겠소. 등록절차가 매우 복잡해서 아직 등록을 못했다만 곧 하게 될 거요. 정말 이제부터는 마음을 잘 가다듬고 창피하지 않게 감정을 억누르고 할게요. 엄마가 애기 같다고 흉볼 것 같아서 말이오.

여기는 벌써 날씨가 때로 쌀쌀해지고 있소. 너무 허술하게 준비해온 것 같기도 하오. 또 필요한 것이 있으면 편지를 해야겠소. 체면 차리지 않고 말이요. 변하는 한국 모습도 보고 싶군요. 벌서 몇 년이 지난 것 같은 착각이 드는군요. 오늘 아침에는 좀 늦잠을 잤소. 그러나 학교 시간에는 늦지 않으니 염려 말고 아직 장인 등 한국의 학교에는 편지 안 했소. 이번 주말에 시간 있으면 쓰겠소. 자꾸만 집 생각이 앞서기 때문에 아무데도 편지 못했소.

이제 차차 나아지겠죠. 그리고 바쁘게 돌아다닐 생각이요. 나 혼자서 못 하지만 자동차 갖고 오는 친구놈이 있으면 같이 가봐야지.

당신은 나의 사랑, 하나뿐인 아내이고 애인이고 엄마요. 애기들 잘 가꾸길 거듭 부탁하고 어른들께도 문안드려 주시오.

당신의 남편 씀.

사랑하는 아빠에게

눈코 뜰 사이 없이 아침에 출근했다가 밤 10시에야 겨우 집에 돌아올 수 있으나 그래도 다행스러운 것은 동욱이와 수진이가 잘 자라주고 수진이는 요 며칠 사이에 살이 통통히 찐 것이 여간 귀엽지 않습니다. 동욱이는 요사이 밥을 잘 먹고 아주 점잖아지고 귀찮을 정도고 (사물에 대해서 의문이 많은가 보죠.) 물어본답니다. 어머니도 이제는 아이들을 다루시는데 익숙해지셨습니다.

여보, 빨리 당신이 훌륭하게만 되셔서 부디 몸 건강히 돌아오시기 빌겠어요. 다시 말씀드리지만 항상 주의하셔서 무거운 것 들지 마시고 몸 조심하셔요. 당신이 편찮으시면 여태껏 우리 둘이 애쓴 것이 보람 없으니까요. 특히 멀리 계시기 때문에 더욱 보살펴드릴 수 없음이 안타까울 뿐입니다.

우리 1년만 더 열심히 아끼며 서로 떨어져 있으나 항상 같이 있는 것 같이 사랑하며 아끼며 사노라면 기쁜 날이 있겠지요.

여보, 저녁에 집에 돌아오려고 하면 깜깜한 밤에 어디서 당신이 불쑥 나타날 것 같은 착각이 드는군요. 여보 보고 싶고 만나고 싶은 것은 다 말해 무엇 하겠어요. 세월이 지나가면 해

결될 것이니까. 동욱이가 나 데리고 가라고 편지하랍니다. 아빠가 빨리 와야지 동욱이는 좋답니다. 아빠가 무척 보고 싶다고 전하라네요.

承이.

사랑하는 당신에게

당신 편지를 몇십 번 읽다가 회답해야 할 사항을 보고 다시 씁니다. 빠른 시일 내로 도착하지는 않겠지만 참고가 될줄 믿습니다. 고려병원에서 이중으로 일하시게 된 동기는 잘 모르지만 돈을 좀 더 벌 작정이셨다면 할 말 없군요. 사실 나는 이곳에서 놀면서 절약하는 것이 고작이니까요. 당신의 의사를 무시하고 싶지는 않군요. 그리고 우리에게 필요한 것은 사랑과 건강 다음으로 사실 돈이 있어야 할 시기니까요.

근무를 계속 하신다니 하십시요만 그만 둘 때라든지 할 때는 항상 전후를 잘 따지셔서 실례가 되지 않게 하셔야 할 것 같소. 나로서는 이곳에서 다른 도리가 없군요. 부탁은 몸 건강에 특별한 유의를 해주시기만 바라오. 이곳 애들을 보고 우리 애들을 생각하면 정말 불쌍하군요. 과자며 장난감 같은 것을 적은 돈으로 맘대로 살 수 있고 즐기는 것을 보면 온갖 생각이 다 나요. 당신 소신껏 잘해주시기 바라고 사주기 바라겠소. 지금은 당신이 아빠고 엄마니까 말이요. 몸조심하고 먹는 것 잘해 먹도록 하시오. 나는 잘해 먹소. 솜씨가 느는군요.

Kiss를 보내오.

사랑하는 엄마

여보, 오늘은 토요일이요. 모처럼 책 읽다가도 멍하니 지나가는 자동차도 보고 사람들도 보게 돼요. 그 사람들은 모르지만 말이요. 멋대로 사는 세상이요. 나는 점심때는 볶음밥을 해 먹었소. 어제한 밥이 남아서 프라이팬에 기름을 두르고 버터와 밥을 볶아서 데운 다음 고추장과 단무지를 내어놓고 그리고 계란프라이 하나에다 넓적한 소시지 하나 구워서 먹었소. 한국에 돌아가면 요리하는 법을 넌지시 어깨너머로 보아야겠소. 내 식으로 요리하니까 한국 냄새가 안 나는군요. 친구가 준 김치는 냉장고 속에 넣고서 10일 동안 야금야금 꺼내먹었더니 다 떨어졌군요. 다시 부탁해서 김치를 갖다 놓고 먹어야겠소. 글씨가 작아서 당신 보기가 힘드시면 다음부턴 크게 쓰겠소. 일부러 그렇게 써봤소. 공간도 아낄 겸. 사진은 되는 대로 빨리 부쳐주기 바라오. 얼굴이 보고 싶소.

아빠가.

사랑하는 아빠에게

밤이 깊었습니다. 이제는 완연한 가을을 재촉하는 서울의 밤입니다. 당신이 떠나실 때 더웁던 물이 안 나와 늦게야 목욕을 하시고 피로도 풀지 못하시고 떠나신 일들이 다시금 떠올라 내 마음을 아프게 합니다.

여보! 얼마나 보고 싶은지 당신을 아는 모든 사람들을 대할 때마다 그 마음이 더해 갑니다.

송편이랑 음식을 장만할 터인데 추석도 얼마 안 남았군요. 여보 당신은 얼마나 지나간 날들의 우리들의 일들이 생각나는지 모르겠다고 편지에도 그러셨지만 그때 추석날 밤에 당신과 함께 우리들이 항상 같이 거닐었던 그 언덕 그리고 그 숲속의 이야기가 전설처럼 마음 한구석에 남아있습니다. 정말 참되게 서로를 아낌없이 주고받고 동욱이가 생기고 그때의 괴롭던 일들 까지도 지금은 모두 아름답게 그리고 후회 없이 맘을 사로잡고 있군요.

여보, 나의 사랑하는 남편, 나는 모든 것을 다 당신에게 맞기며 살아가는 사람임을 잊지 말아요. 수진이의 귀여운 재롱, 동욱이의 곰 같은 재롱 이런 것을 생각하시노라면 당신은 정말 하루도 우리들을 잊는 일은 없으실 거라 생각되지요. 우스갯소리로 누군가 제게 부부는 같이 있어야 하는 거라면서 당신이 바람나서 정신 못 차리기 전에 미국으로 따라가라고 하는 말을 들으면 미국에 계실 때 바람피우시는 것쯤은 허락해드렸노라고 농담으로 호기롭게 받아치는 여유를 부려보곤 한답니다. 하지만 제가 생각을 해도 그런 농담을 할 여유가 생겼다는 것은 당신이 나를 사랑해주신다는 것을 믿기 때문인지도 모르지만 책임감 강하고 그 여유 있는 당신의 성격을 알기 때문이고, 우리의 사이를 잘 모르기 때문이라고 말해주고 싶었어요.

모든 사람에게 자랑스러운 당신의 아내가 되도록 최선을 다하겠어요. 가을이 오니 점점 더 외롭게 느껴집니다. 당신도 그리고 나 자신도 실수가 없도록 외로움을 이길 인내를 서로를 생각함으로써 만들어야겠어요.

당신에게 나의 뜨거운 kiss를 전하며.
당신의 아내가.

엄마

편지는 모두 받아 보았소. 잘 있고 건강하다니 무엇보다 다행이요. 나대신 모든 일들을 다 잘 감당해주시니 나는 안심하고 지내오. 왠지 달이 점점 커간다고 생각했더니 추석이 다가오는 모양이구려. 음력은 달만 보고 알고 달력이 없으니 알 도리가 없군요. 우리들의 지난날은 당신이 다시 속삭이면 모두가 그림같이 또 생시같이 되살아 나오기도 합니다.

정말 말과 글로써 어떻게 표현을 할 수 있겠습니까? 과거는 모두가 아름답게 되살아오는 것이지요. 괴롭고 슬펐던 과거까지도 말이요. 정말 사랑하는 처자식들이 이렇게 귀하고 중하고 굳게 맺어진 사이인가 하고 가끔 생각할 때도 있소. 백년을 해로한다고 하지 않았소. 염려 말고 건강하게 계셔서 서로 만날 날이나 기다립시다.

신림동 어머님께 문안편지를 써서 보냈습니다. 추석이라고 모이면 또 생각들이 나실 것 같아서 잘 있다는 소식과 자식들을 너그럽게 보아주십사 하는 편지를 띄웠습니다. 다시 pen을 들 때까지 모두가 건강하기 바라오.

사랑하는 엄마!

오늘이 보름인가 봐요. 둥그렇고 벌건 달을 보려고 일찍 밥해 먹고 슬슬 걸어 나갔었소. 8시 15분이 넘어서야 붉고 둥근 달을 볼 수 있었어요. 이곳 미국인들은 아무도 달을 보고 있는 놈이 없었어요. 나 혼자 슬금 걸으면서 한 번 쳐다보고 또 걸으면서 쳐다보고 했어요. 당신도 봤을 달을 말이요. 안 봤더라도 본 것 같은 달이었어요. 무감각의 경지에서 한 10분 걷다가 김도 빠지고 해서 들어왔소.

물가는 많이 오르는데 이다음 한국에 돌아가서 집을 구해 살 수는 있을는지 아니면 또 전셋집으로 들어가게 되는지 전셋집이라도 한 3년 계약하는 집이라면 좋겠군요. 벌써 별 걱정 다한다고 하겠군. 다른 사람에게서는 바랄 곳이 없으니까요. 참 $20 받으셨겠죠? 한국에서 우체부가 떼먹었나요? 그렇더라도 할 수 없지만 만일에 받으셨다면 오직 당신만을 위해서 쓰시기를 바라겠어요. 내가 좋아할 것 같고 당신이 좋은 걸로 말이요. 한 번 더 "HAPPY BIRTH DAY TO YOU!" 여보! 화장도 예쁘게 하고 옷도 좀 깨끗하고 좋은 걸로 입으시고 처녀처럼 하고 다니시오. 하하.

엄마

자꾸만 편지한다고 웃진 않겠지. 아침부터 음산하다고 그러더니 지금은 비가 내리는군요. 계절이 바뀌느라고 그런 모양이죠? 간밤 꿈에는 온 집안 식구를 봤습니다. 모두 시무룩하고 특히 돌아가신 아버님까지 뵈었어요. 혹시 어머님이 많이 불편하신지 궁금하군요. 혹시 말이요. 아름답지 못한 일이 있더라도 나에게만 이야기하고 다른 모든 사람에게는 숨겨주실 아량이 계시겠죠?

엄마! 당신만을 내 모든 것으로 알고 사랑하고 있소. 보고 싶지만 참고 좋은 소식 기다립니다.

사랑하는 아빠에게

저녁 때 신림동에 동욱 수진이 데리고 왔습니다. 추석이라 아이들 데리고 오는데 택시 타고 왔습니다. 큰외삼촌, 금호동 이모님, 외숙모님, 영철이네 형님들 와계셨습니다. 아가씨는 결혼날짜도 받았고 약혼날짜도 받았는데 앞일을 어떻게 처리해야 할지 모르겠습니다. 어머니께서는 걱정만 하시고 당신 큰형님께서는 아무 말씀도 안 하시고 가셔서 내심 걱정입니다. 우리가 안 보태면 보탤 데가 없는 것 같으니 계 타고 빚 갚은 후 조금 남은 것 등 합해서 한 5만 원은 해줘야겠습니다.

이러저러 하다가 보면 내년에 집은커녕 죽도 밥도 안 되겠지만 이런 것이 모두 사람이 살아나가는 것 아니겠어요. 아가씨 시집가는 데 힘닿는 대로 도와주는 것도 어머님께 효도하는 것 중에 하나라고 생각되지요. 아빠, 사람이 살면 얼마나 살겠다고 그럼에도 기쁜 일보다는 걱정되는 일이 더 많으니 전에 일들은 어찌 되었든지 간에 당신 맘에 우한이 없도록 해드리고 싶군요.

아빠. 오늘쯤 당신의 점퍼를 사러 나가야겠어요. 날씨가 점점 쌀쌀해지니 더욱 멀리 계신 당신이 걱정되는군요. 아무리 어려운 일이 생기더라도 조금 손해가 난다고 해도 이제는 따지지 않겠다고 마음먹습니다. 삶을 살아가는 데는 따질 수 없다는 것을 점점 조금씩 배우게 되는군요. 점점 철이 드나 봅니다.

여보, 우리 둘은 서로 원망하거나 그런 것 하지 않기로 해요. 사람이라는 것은 돈보다도 더 큰 것이 바로 서로의 행복을 만들기 위한 노력이라고 생각합니다. 지금까지의 어려움은 서로의 행복을 만들기 위한 노력이라고 생각합니다. 이제까지 행복하려고 노력했었고 평생을 그렇게 노력하면서 살아가노라면 당신도 나도 늙고 또 편안한 삶(경제적으로도)을 누릴 수 있으리라 생각합니다. 오늘도 멀리서 당신과 우리들 가정에 행복을 기원하는 당신의 아내가 당신에게 끊임없는 사랑을 보내며 안녕.

승이 드림.

사랑하는 엄마!

나에게는 지금처럼 편지를 쓰는 순간이 적어도 지금. 오늘 저녁 이 순간이 제일 행복합니다. 모든 생각이 우리들의 집으로 달리는 순간이죠. 찌그러져가는 초가집이래도 좋고 또 아담한 양옥이래도 좋습니다. 화목하고 건강하며 서로 이해하고 애기들이 있는 집이라면 말입니다.

이제 날씨가 썰렁해지기 시작하는 것 같군요. 지금까지는 좋은 날씨였어요. 가지고 온 옷으로 입다가 정말 필요하면 춥지 않게 입을 테니 걱정하지 말고 당신과 애기들이나 잘 입도록 하시오.

여보! 우리나라는 어쩌면 이렇게 못삽니까? 갑자기 애국자가 된 것 같지만 정말 답답합니다. 길게 얘기하고 싶진 않아요. 우리가 잘살고 우리 애들이 잘살면 차츰차츰 우리나라도 잘살게 되리란 막연한 생각밖에 안 듭니다. 애들이나 잘 길러서 그들에게 선택권을 주도록 해야겠어요. 엄마, 나보다 당신이 좀 더 실질적인 생각을 잘 따져서 할 테니 잘 생각해놓으시고 기록해놓으세요. 잘 자요! 키스!

엄마!

나 편지 많이많이 기다렸소. 일주일에 두 번 쓴다고 하더라도 오늘쯤은 편지를 받을 줄 알고 은근히 기다렸는데. 점잖게 기다렸지. 허탕! 오늘도 서너 차례 줄기찬 비가 내렸소. 번개와 뇌성이 한꺼번에 울리고 당신이 들었으면 "무서워!" 하면서 내 품으로 달려올 것 같은 뇌성이었죠. 날이 갈수록 더해만 가는 향수병을 달랠 길이 없군요. 지금 당장 그만두고 돌아갈 수도 없고, 저녁 때 도서관을 들러서 왔지만 모두가 서글프기만 하군요. 이곳 공부도 그렇게 신통하지 못하고 또 전망도 좋지 못하고. 사랑하는 사람끼리 떨어져 있고, 애들도 보고 싶고.

엄마! 낙엽이 참 많았어요. 아삭아삭. 바작바작! 낙엽이 밟히는 소리가 참 기분 좋았어요. 그러나 그것도 모두가 가을이 주는 결실감이 아니고 떨어져 있는 호젓함이었소. 나뭇가지들이 하나씩 옷을 벗기 시작하는구려. 그래서 그런지 돌아오는 길이 좀 서늘했던 것 같소. 달도 보았죠. 11시 였으니까 조용은 했지만 그래도 카페테리아는 가득 찼더군요. 낙엽이나 무엇이든 나를 잊고 한번 정말 자연에라도 도취되고 싶군요.

엄마! 안녕 아가들도 안녕!

사랑하는 아빠에게

어제는 온종일 우울한 날이었습니다. 당신 형수께서 아프다고 하여 전농동에 갔었습니다. 자리 깔고 누워 계시더군요. 아주버님께서 고철장사를 하시겠다고 빚을 얻어서 투자하신 것이 사기를 당하셔서 말이 아닌 모양입니다. 월급도 적은 데다가 빚마저 졌으니 어떻게 하면 좋겠느냐고, 정말 안 됐더군요.

여보, 내일은 제 생일입니다. 당신이 보내신 카드와 함께 작년에 당신이 근무인데도 불구하고 엄마와 같이 계셔주신 것을 기억하며 지내려고 합니다. 당신의 사랑과 우리의 애정이 한층 더 두터워지기 바라면서, 세월이 지나감에 따라 당신의 좀 더 좋은 아내가 되기 바라면서 말이지요. 또 다시 편지하겠어요.

사랑하는 아빠에게.
당신의 아내 승이가.

사랑하는 엄마!

모두들 차려입고 교회를 가는 모양이요. 날씨도 제법 싸늘해진 모양이고, 창밖으로 오가는 사람들을 가끔 앉아서 보곤 합니다. 그리고 지난날의 날들을 생각하고 앞날을 꿈꾸고 오늘같이 청명한 날이면 당신이 애기들을 데리고 같이 교외로 나가자고 조를 것 같은 날씹니다. 같이 있으면 꼭 나가고 싶지만 오늘은 밀린 빨래를 하고 편지도 쓰고 그리고 도서관에 갔다와야겠어요. 내가 학구적인 두뇌와 재질과 또 소양이 있으면 그것도 괜찮겠지만 그것보단 한국에 가서 적당한 시기에 개업이나 하고서 돈을 좀 벌고 우리 아들이나 그렇게 하고 싶다면 그렇게 해주도록 해야겠습니다. 기계들도 욕심나는 것들이 많이 있는데 벌어먹을 돈이 있어야지요. 하늘의 별따기로 알고 우선은 그대로 보고 지나칩니다. 어느덧 온 지도 한 달이 지났으니 빨리빨리 날짜 가기만 기다립니다. 그동안도 애기들이랑 당신 모든 가족이 안녕하시겠지요. 우리 옥이와 수진이 보고 싶군요.

당신의 남편 씀.

사랑하는 아빠에게

어제는 제 생일이었죠. 모처럼 어제 동욱이를 동반하고 명동에 들려서 구두를 고치니 소낙비가 막 쏟아지지 않겠어요? 아직 구두는 고치는 중이여서 기다리는데 동욱이가 내 앞으로 바싹 오더니 "엄마 우산 안 가지고 왔어?" 하면서 묻는 그 표정이 어찌나 심각한지 혼자 웃으면서 아빠와 함께였다면 하는 아쉬움을 가졌습니다.

여보, 어디를 가든지 무엇을 먹든지 아빠와 함께라면 하는 마음에는 변함이 없으며 시간이 흐를수록 당신이 나에게 얼마나 소중한 존재인지를 마음속 깊이 새기게 됩니다.

여보! 전주에서 당신과 같이 만들어 먹던 만둣국이며 동욱이 생일날 함께 전을 만들던 일이며 작년 23일 내 생일날 붉고 큰 사과를 사서 같이 먹던 지난밤의 일들이며 정말 아빠는 좋은 남편이고 엄마의 소중한 그리고 영원한 애인이에요.

여보, 당신의 그 뒤죽박죽인 편지. 하지만 엄마만이 이해하고 또 같이 공감이 되는군요. 여보, 하지만 참읍시다. 길다고 하면 무척 긴 날들이 지나가야 할 테지만 그 편지를 받고 언젠가 늦게 들어와 누드로 트위스트를 추던 털 많은 아빠를 생각하면서 그럴 때면 남편으로서 의존하고 있는 제 자신이 아니라 사랑스러운 나의 애인같이 그리고 언제나 마음속에 살아있는 당신입니다.

여보, 이렇게 우리 서로 떨어져 있음으로써 서로의 애정이 점점 온도를 가하여 뜨거워짐을 정말 기쁘게 생각하며 아빠의 진정을 언제까지나 고맙게 그리고 기쁘게 간직하겠어요.

사랑하는 나의 당신은 언제나 나의 앞에서 웃고 계시군요. 아빠의 사진을 보면서 엄마는 하루에도 몇 번씩이나 주신 편지를 꺼내보고 맘에 위로를 찾는답니다.

여보, 그럼 몸 건강히 계시고 과음은 마시고 잘 주무세요.

엄마가 편지에 kiss했습니다.
承이.

사랑하는 아빠에게

아빠! 길거리에 드문드문 군밤 장수가 생기기 시작했고 가을철에 운동시즌이라 연고전은 지금 막상막하로 온 시민들은 라디오에 매달려 있답니다.

여보, 어찌 엄마가 당신 생각이 나지 않겠어요. 특히 오늘 저녁은 아빠가 계셨다면 하는 아쉬운 마음뿐입니다. 군밤을 서로 까주면서 연대 숲 속을 우리들의 사랑을 주고받으며 아름다운 밀어들이 오가던 일. 여보, 정말 아빠를 사랑합니다. 모든 것을 서로 아낌없이 주고받으며 서로를 양보하며 슬픔이 있을 때나 기쁨이 생길 때나 여보 같이 의논하며 서로를 의지하는 것이 참다운 부부의 태도라면 정말 승이는 그랬나? 하는 비판도 스스로 하게 되며 오늘따라 야구 구경 못 가게 언제나 성가시게 굴던 제 자신이 부끄러워지기도 하는군요.

여보! 날씨가 점점 추워지면 엄마는 언제나 아빠에게 언 몸을 녹이곤 했는데 올 겨울은 누가 엄마를 그처럼 아껴주겠어요.

여보, 먼저 드린 편지의 엄마의 키스마크 보셨죠? 당신이 흉보지시는 않겠죠. 그것은 엄마가 어떤 불순한 의미에서가 아니라 당신의 향수병 또 엄마에 대한 갈망을 조금이라도 해소

시켜드릴 수 있다면 하는 단순한 의미로 당신에게 보낸 엄마의 순수한 애정의 선물입니다. 여보, 점점 밤이 깊어갑니다. 이렇게 조용히 아빠에게 편지 쓰기도 무척 오랜만입니다. 항상 퇴근 후 아이들과 같이 놀 때는 못 쓰고 아이들이 자려고 하면 재워준다고 하다가 잠이 들고 하여 새벽에 일어나서 쓰노라면 아이들이 깨곤 했는데. 여보, 사랑하는 아빠. 당신은 지금 무얼 하고 계실까? 그 곳은 지금 낮일 테니까 당신은 분주하시겠죠.

이곳은 동욱 수진이 깊이 잠이 들었고 어머니 그리고 이모도 잠이 들었습니다. 엄마만 아빠 생각을 하면서 옛날에 연애 때의 일들을 생각하며 그 시절로 돌아가 당신에게 또 끊임없는 사랑의 말들을 드립니다.

우리 서로 자신이 몸 아껴서 건강하게 걱정 없는 얼굴로 만나기로 해요.

언제나 몸 건강하시기 빌며.
당신의 사랑하는 아내 承이 드림.

사랑하는 엄마!

모두가 안녕하실 줄 믿습니다. 그리고 당신의 수고를 다시 한 번 고맙게 생각하면서 다시 pen을 들었습니다.

날씨가 추워지는데 더욱 건강에 조심하기 바라고 매사에 조심 또 조심하기를 바라겠소. 옛날이야기 해주신 것이 다시 생각이 나는군요.

우리 약혼하던 날은 비가 좀 심하게 왔었죠? 그리고 당신은 그때도 지금이나 마찬가지로 천진난만한 어린이같이 티 묻지 않은 고운 꽃이었습니다. 다소 불안감이 없지도 않았죠. 정말 내가 이 여자를 아내로 맞아 행복하게 해주며 살 수 있을까? 하고서 말이요.

당신은 나에게 의지하는 몸이지만 나는 두 발을 더욱 굳게 디디고 서야 하는 몸이란 말이죠. 그러나 날이 갈수록 보다 짙은 확신을 갖게 되었고 또 우리 두 젊은 사람의 생활이 얼마나 힘차고 알찬 생활인가를 알게 되었다오.

우리는 기쁨과 고생을 같이 겪고 생활해오면서 그 이상의 이상적인 커플은 이 세상에 없을 것이라고 피차 자부를 하고 살아왔지요. 그리고 당신 말대로 겸손하게 품위 있게 진실하게 살려는 의지가 있으니 우리는 살 힘이 있는 것이고 또 살 가치가 있다고 생각되는군요.

우리 욱이와 수진이에게도 안녕!
당신의 남편.

사랑하는 아빠에게

여보, 지금은 새벽 2시인데 잠이 잘 안 오는군요. 저녁 때 먹은 게 체했나 봐요. 쭉 두통이 심하기에 약을 먹고 자다가 몹시 복통이 심해서 깨니 다시 잠이 잘 안 옵니다. 당신에게서 온 편지들을 가져다놓고 세어 보니 벌써 수십 통입니다. 그리고 그전에 우리 연애 시절에 주고받았던 편지들을 다시 보았습니다. 어쩌면 그때나 지금이나 감정이나 생각에는 변함이 없는지 이상할 정도로 그때의 감정이 연속된 것 같은 기분입니다.

여보, 세브란스는 당신과 나의 청춘 속에서 빼놓을 것이 없을 정도로 추억만이 가득 채워진 것 같은 곳입니다.

용인에서부터 시작해서 주고받은 편지가 비약적인 러브레터로 변하기까지, 그리고 어느새 사랑으로 대체된 우정. 여보, 정말 당신에게 꼭 안겨서 잠들고 싶은 밤입니다. 가을이 되어서 센티멘털해지는 것만은 아닌 것 같습니다. 여보, 사랑해요. 사랑합니다. 사랑해요.

당신에게 편지를 쓰면 아이들의 엄마라는 것을 잊고 망각할 정도로 옛날들이 되살아옵니다. 여보, 이제 추워지면 호호 손을 불며 군밤을 까서 서로의 입속에 넣어주면서 수없이 찾아 갔던 그 언덕. 그리고 추운 감각조차도 느낄 수 없을 만큼 많이 걸었던 크리스마스 이브. 여보, 이 겨울만 지나면 내년에는 아빠가 온다고 무슨 주문처럼 항상 중얼거리며 내년이 오기를 동이 이하 모두 기다립니다.

꿈속에서라도 당신 품안에서 잠들기를 바라겠어요.

아빠에게 Good night kiss를 보내며.
당신의 아내가.

2009년 노블카운티 화이트데이

노블카운티 블루데이

2002년 월드컵

2002년 월드컵 노블카운티 레드데이

남편의 절친한 친구 허정 선생님 내외분과 함께

결혼식 친정어머니와 함께

워커힐호텔 앞에서

남편과 제주도여행

손주들과 태국여행

대학시절 영국으로 연수 간 딸

딸의 대학 졸업식

손자 우용의 돌

손녀 가윤의 돌

2005년 생일